희망의 파토스

희망의 파토스

초판 1쇄 발행 | 2026년 3월 25일

지 은 이 | 주진경
펴 낸 이 | 이한민
펴 낸 곳 | 아르카
총   판 | 비전북

등록번호 | 제307-2017-18호
등록일자 | 2017년 3월 22일
주   소 | 서울 성북구 숭인로2길 61 길음동부센트레빌 106-1805
전   화 | 010-9510-7383
이 메 일 | arca_pub@naver.com

홈페이지 | www.arca.kr
블 로 그 | arca_pub.blog.me
페이스북 | fb.me/ARCApulishing

책   값 | 뒤표지에 있습니다
I S B N | 979-11-89393-51-9(03230)

아르카ARCA는 기독출판사이며 방주ARK의 라틴어입니다(창 6:15).
네가 만들 방주는 이러하니 … 새가 그 종류대로, 가축이 그 종류대로,
땅에 기는 모든 것이 그 종류대로 각기 둘씩 네게로 나아오리니 그 생명을 보존하게 하라 _창 6:15,20

주진경 목사 설교와 수상 모음 2

희망의 파토스

Hopeful mind

주진경 지음

아르카

일평생 세상에 복음을 전하시며
희망의 파토스를 잃지 않으셨던
주진경 목사님이 기억되기를

참 기독교인 중에서도
특별한 사표로서 존경받아 온 분

_ 오배근 장로

저는 1954년 한국 공군 간부학교에서 주진경 목사님과 동기로서 훈련을 받았고, 그해 9월에 공군 소위로 임관하면서 교제를 시작했습니다. 그렇게 시작한 교제의 세월이 어언 70년이 넘었습니다. 나의 군대 시절 동기이며, 평생의 벗이자 형이기도 했던 주진경 목사님, 그가 2025년 봄에 나보다 앞서 천국에 입성하였습니다. 얼마나 아쉽고 그리운지 모르겠습니다.

나와 그와의 인연과 교제 기간은 매우 길었습니다. 주 목사님이 프랑스를 거쳐 미국에 온 다음 뉴욕 근교에 살게 되면서, 지난 10여 년간 해마다 그의 집 인근에 사는 내 여식의 집을 방문할 때마다 주 목사님과 더불어 지내며 우정을 쌓았으니 말입니다.

내가 그와 헤어져 오렌지 카운티(Orange County)에 있는 내 집

주진경 목사를 자주 찾아와 교제를 나눈 오배근 장로와 함께.

에 돌아올 때면, 그때마다 헤어짐의 아쉬움을 담아 조용필 가수의
노래인 '친구여…'를 녹음해 내게 보내 주기도 했습니다. 그랬던
그는 참으로 다정하고 멋진 친구였습니다.

우리는 소위로 임관한 후, 1955년 미국 와이오밍(Wyoming)주

의 군사학교에서도 함께 수학한 동기이기도 했습니다. 또한 우리 두 사람 다 공군 중령으로 퇴임했습니다.

주 목사님은 남달리 학구적인 분이었고, 참으로 근면하고 성실하며 자상한 친구였지요. 군에서 배속받기 어렵다던 국방부 군수국에 재직하던 중에도 연세대학교 대학원 행정학과를 수학했습니다.

저도 주 목사님도 미국에서 신학대학원을 거쳤는데, 진경 형은 목사로 봉직하였습니다. 그리고 10여 년 전에는 미국 텍사스 멕시코(Texas-Mexico) 국경 인근에서 선교 사역을 하면서, 멕시코 주민(Mexican)을 대상으로 복음 선교에 헌신하였습니다. 저도 미국 남침례교 IMB 선교사로서 중국 사역을 하고 은퇴했습니다.

주 목사님이야말로 참 기독교인 중에서도 특별한 사표(師表)로서 존경받아 온 분입니다. 그의 투철한 애국충정 또한 기억합니다. 눈물 많고 인정 많고, 전우애와 친구애가 많은 분이셨지요!

주진경 형은 군수 보급 장교로서, 일찍이 대한민국 공군의 군수 보급 체계를 선진화하였습니다. 그 정밀하고 복잡하며 공군 비행기의 운영 유지에 필수가 되는 전투비행장비 보급 업무의 일선에서, 투철한 임무 수행을 통한 지원 이력을 가졌습니다. 그 이력을

통해 대한항공(KAL) 초창기의 항공기 보급 정비 분야에 공헌한 것
또한 괄목할 이력입니다.

주 목사님은 또한 얼마나 꿈이 많은 분이었는지 모릅니다. 대한
항공에서 퇴직하고 곧바로 온가족이 프랑스로 이주하여 세 자녀
모두 프랑스에서 학부를 이수하게 함으로써, 오늘날 부러움의 대
상이 되기도 했습니다. 그 아드님(다니엘 목사)은 프랑스의 유명 대
학과 신학대학원을 수료하고, 현지에서 목사로서 한국 교포가 아
닌 프랑스 사람들을 대상으로 큰 교회의 담임 목회 사역을 하고
있습니다. 명실공히 부자 모두 하나님나라의 귀한 일꾼들이 되셨
지요.

천수를 다 채우시고 주님의 나라로 선행한 나의 잊을 수 없는
벗, 주진경 목사님을 새삼 추억하게 되어 마음이 뭉클하고 뿌듯하
기도 합니다.

그의 글이 이렇게 새로운 책으로 나온 것을 더욱 기쁘게 생각합
니다. 후손들에게 매우 귀한 유산이 될 것이라고 생각합니다.

_오랜 벗, 오배근 장로

Content

2부
교회를 위한 마음

1부

—

세상을 위한 마음

Hopeful mind

기쁨의 축

기쁨의 軸, 이제는 차분히 돌이켜 생각할 때

미국의 조야(朝野)에서 거론되고 있는 악의 축을 떠올려 보면, 서방 세계를 겨냥한 음성 테러국인 북한, 이란, 이라크가 떠오른다. 9·11의 극악했던 참극을 생각하면 몸서리치는 전율을 느낀다. 그러나 우리 한민족에게는 지난 6월에 이같은 악의 축과 다른, 커다란 기쁨의 축이 안겨졌다. 히딩크, 4강 진출, 붉은 악마다.

우리 한국이 월드컵 경기의 마당에 뛰어든 지 48년 만에 많은 곡절과 각고의 노력 끝에 4강에 진출했고, 막강한 터키와의 3-4 위전에서도 마음껏 경기하며 선전하였다. 나라 안팎이 환희의 도가니에 묻혀 있는 가운데, 서울에서는 히딩크 예찬의 소리가 높다. 정치계와 기업계에서, 또 종교계에서마저 히딩크의 리더십(leadership)에 대한 예찬이 번져간다. 그가 한국 축구에 공헌한 지도력을 높이 평가하여 '히딩크 영웅 추대, 명예시민권 부여, 동상 건립, 히딩크 경영학'이 거론되고 있다는 소문이다. 그러나 우리는 이번 일을 계기로 한국인으로서 깊이 성찰하고, 자력 성취의 기본 정신과 자세를 확립해야 한다.

왜 외국인인 히딩크가 아니면 그런 감독이 안 된다는 것인가? 우리 자국민으로서는 이 일을 해내지 못한다는 말인가? 히딩크의 선수 기용에 대한 소신과 의지, 그의 집요한 내구성 훈련, 순발력 있는 기량의 개발, 재치 있고 신속 정확한 판단과 적용 등을 한국인은 몰라서 못 했단 말인가? 그렇지 않다면 왜 군이 외국인을 고용하여 내세워야만 했는가? 히딩크에 대하여는 나도 아낌없이 찬사를 보내지만, 우리 국민으로서는 깊이 자성할 필요가 있다.

한국무역협회가 개최한 신무역토론회에서 전 과학기술부장관이 "히딩크가 한 일은 우리가 몰랐던 일이 아니다. 우리 스스로가 충실하지 못하여 하지 않았던 것이다. 그런 만큼 실행 환경을 만들어가는 것이 중요하다"라고 하였다. 이 말은 대세가 히딩크 예찬으로만 기울고 있는 가운데 참으로 양식 있는 지적이라고 사료된다. 이번 기쁨의 한 축인 그 감독이 자국인이었더라면 얼마나 실제적인 기쁨이 되었을까? 이 큰 일을 자국인이 해내지 못했다는 것은 못내 큰 아쉬움이다. 히딩크 예찬 일변도로만 나갈 것이 아니라, 국민적인 자성이 절실히 필요하다.

그다음 축은 16강에 이어 8강과 4강까지 진출한 것이다. 잔디 구장도 없었던 우리나라가 이제는 국제 수준에 뒤떨어지지 않는 잔디 구장을 마련하고, 월드컵 경기를 초치하여 4강에까지 오른 것은 참으로 벅찬 감격이다.

　피나는 훈련과 노력으로 쌓아 올린 실력으로 일구어낸 4강의 탑에 정신적인 결여의 부스러기가 섞여 있지는 않을까 하는 염려가 있다. 48년 만에 일구어낸 4강의 기쁨이 진정으로 건전한 경쟁과 화평을 도모하는 스포츠 정신에 입각한 승리이기를 바란다. 다시 말하면, 이 기쁨이 우리 한국인 대표선수들이나 응원단, 국민 모두의 성숙한 겨루기 정신에서 이루어진 것이기를 소망한다는 것이다. 오직 이기는 데만 목적을 두는 승부욕에 치우쳤다면, 그것은 진정으로 한국이라는 나라를 지탱하는 버팀목으로서의 국민 정신력을 축성한 것이 아니다.

　월드컵 경기가 진행되는 동안에 한국에서 유명하다는 어느 목사가 뉴욕의 어느 교회에 와서 부흥회를 인도하였다. 그 밤에 피곤한 몸을 이끌고 부흥회에 참석한 성도들 앞에서 복음적인 내용보다는 자질구레한 이야기로 시간을 끌더니, 중간에 하는 말이 이랬다. "지금 한국에서는 월드컵 경기가 벌어지고 있는데, 상대팀 선수가 옐로카드(yellow card)를 두 개 먹고 퇴장을 당하여서라도 우리 한국이 이겨야 합니다. 기도하십시오. 하나님이 도우실 것입니다. 아멘!" 이 말을 듣던 회중들이 와 웃더니 떠나갈 듯이 큰소리로 "아–멘" 한다. 이것은 신앙이 아니요, 애국심도 아니요, 스포

츠 정신(sports mind)도 아니다.

피아가 선전역행(善戰力行)하여 당당하게 승부를 겨루는 모습을 보는 것이 경기의 즐거움이어야 한다. 그런데 진리와 평화를 가르치고 외치는 목사가, 남이 잘못되어야 생기는 나의 유익을 바라고 부추기는 말을 부흥회 메시지로 전하여 큰 흠을 남긴 것은 매우 잘못된 처사다. 말씀의 교사가 어찌 그런 말을 할 수 있을까? 영적 지도자가 이렇다면, 그로부터 배우는 사람들은 무엇을 배우며 어찌 되겠는가? 승리에 앞서 한 차원 더 높은 것, 곧 선전하고 역행하는 투지와 인내, 승리를 향한 의지, 순발력 있는 기량의 발휘, 경기에 임하는 적극적인 애국심 등을 보는 것이 경기를 관전하는 제일의 기쁨이어야 할 것이다. 한국의 축구 실력이 16강을 넘어 4강에 올라섰다면, 그 경기를 바라보는 국민들의 관전 정신도 그만큼 성숙했어야 할 일이다.

마지막으로 남은 축은 '붉은 악마'다. 이번 경기에서 붉은 악마의 국민적 응원의 공은 지대했다. 경기 응원자들의 태도는 경기장 안에서뿐만 아니라 경기장 밖 거리의 응원에서까지 질서정연했고, 상대방 팀에게 보인 신사적인 태도와 친절도 높이 평가되고 있다. 한국의 월드컵 응원은 국내에서뿐 아니라 멀리 바다 건너 미국의 뉴욕이나 LA, 또 유럽의 독일과 파리 등지에 이르도록 번졌다. 이 일로 한국의 국위가 선양되고, 한인들의 좋은 이미지가 해외에서 널리 알려졌다.

그런데 이렇게 좋은 응원단의 이름이 왜 하필이면 끔찍스러운 '붉은 악마'인가? 그렇다면 우리나라의 4강 진출 영예와 기쁨은 붉은 악마의 응원에 의해서 이루어졌단 말인가? 우리나라에는 수호신의 이름도 많건만, 왜 하필이면 붉은 악마인지…. 이것은 좋은 이름이 아니다.

붉은 악마가 국제경기장에 등장한 지가 벌써 10년이 지났는데도, 세계적으로 부흥했다고 자부하는 한국의 기독교 지도자들은 이 잘못된 이름 하나 제대로 바로잡지 못하는가? 이런 일에는 무능했단 말인가? 이 나라를 복음화하고 세계에 선교하여 예수 나라를 세우자고 하면서도, 온 한반도를 붉은 악마가 휩쓸고 지나가고 세계에까지 번져가도록 방관만 하고 있었단 말인가?

능력 있고 유능하고 유명한 목사와 부흥사들은 나라 안에 붉은 악마라는 명칭을 10여 년 동안이나 방치했다. 이제는 세계적인 축제에까지 끼어들어 응원단의 공식적인 이름으로 쓰일 정도가 됐다. 아직도 붉은 피의 분단의 고통에 시달리는 우리 한국인들에게, 섬찟한 공포의 물결을 끼얹은 일에 대하여 일말의 책임감이 없단 말인가?

복음은 생명을 걸고 전해야 하고, 사탄도 생명을 걸고 물리쳐야 하며, 악은 어떤 모양이라도 버리라고 했다. 그런데 이제까지 붉은 악마라는 이름이 나라 안팎을 휩쓸고 지나가도록 손을 못 쓰고 있었다면, 행여 또다시 신사참배와 같은 우상 숭배의 강요가 다가올 때, 그들은 과연 그 강요를 물리칠 수 있을까 의심스럽기까지 하다. '국민의례'라고 궤변을 늘어놓으며 우상 앞에 무릎 꿇은 자들의 전철을 밟지 않을까 염려도 된다.

2002년 6월에 우리에게 다가온 기쁨의 축이 선수들의 물리적인 실력이 향상된 만큼의 수준으로 향상되기를, 내면적인 수준도 참신하고 성숙한 수준의 기쁨으로 제고(提高)되기를 바라는 마음이 간절하다. 이제는 이 모든 것들을 깊이 되새겨 볼 때이다.

- 2002년 7월 15일 데스크칼럼, 기독저널

8·15, 희년의 은총

빛바랜 감격은 가고 9월이 온다

노예로 팔려 간 소년이 양을 치고 있는 베들레헴 벌판에, 한낮의 고요를 헤치고 가느다란 나팔 소리가 들려왔다. 그 소리는 점점 커지더니, 봇물 터지듯 동에서 서에서, 남과 북의 사방에서 요란하게 들려왔다. 양 치는 소년의 가슴이 뛰었다. 그 소리는 희년을 알리는 양각나팔 소리였기 때문이다.

아버지와 어머니, 사랑하는 누이가 모두 노예시장에서 어딘지도 모르는 곳으로 각각 팔려 간 후, 그립고 외롭고 고통스러운 시간, 견디기 어려운 기나긴 세월이 정녕 흘러가 버렸다. 노예시장에서 뒤를 돌아다보며 뿔뿔이 헤어진 다음, 그 긴 세월을 보내는 동안 바람을 타고 온 소식이 그들을 위로해 주었다. 별리의 눈물을 흘리며 종으로 끌려갔던 그들에게, 이제 감사의 눈물을 흘리면

서 가족의 품으로, 빚으로 남에게 넘어갔던 옛집으로 돌아갈 길이
열린 것이다. 희년! 자유, 그리고 옛집으로…, 예루살렘으로!

목동은 치던 양들을 들녘에 둔 채로 예루살렘 옛집을 향하여 길
을 달렸다. 이제 그 양들을 주인집에까지 끌고 가지 않아도 되었
다. 희년의 나팔이 울리면 주인이 그의 양을 찾으러 가야 한다. 소
년이 예루살렘 옛집을 향하여 길을 달리는 동안 가시덤불에 할퀴
우고 돌멩이에 채여 넘어졌지만, 그 길을 마냥 재촉하였다. 멈출
일이 아니었고, 느슨히 갈 일이 아니었다.

집에 당도하여 보니, 헤브론 어느 농가에서 밭을 갈고 장작을
패며 물을 긷고 있더라던 그의 아버지와 어머니는 벌써 돌아와 허
물어지고 퇴락한 집을 수리하고 있었다. 꽃이 피고 새가 울 때면
그렇게 보고 싶고 그리웠던 누이는 엔게디 개울가에서 빨래를 하
더라는 소문을 바람결에 들었는데, 희년의 나팔 소리를 못 들었는
지 아직도 집에 돌아오지 않았다. 누이는 어찌 발걸음이 늦는가
하며 한숨지을 때, 가슴이 볼록해진 누이가 사립문으로 들어섰다.
세월이 저토록 흘렀구나!

샬롬, 주의 평강…! 이 한마디가 그들 인사의 전부였다. 그 이상
의 인사가 없었다. 그들은 무너진 토방, 삭아가는 기둥, 찌그러진
창문들을 수리하였다. 자유됨의 모든 기쁨이 거기 있었다. 집을
다시 세우는 데에 해방됨의 감격의 초점이 있었다. 온갖 정성과
힘을 모아 하나님이 주신 집을 일으키고, 다시는 집을 잃지 말자,

빼앗기지도 말자는 다짐으로 집을 세워갔다. 자유를 얻어 다시 집을 세우는 일은 오로지 하나님의 은혜로 말미암았으니, 다시는 종의 멍에를 메지 말라는 하나님을 경외함이었다(갈 5:1). 이것은 그들의 여호와 하나님에 대한 신앙과 깨달음의 다짐이었다. 이 이야기는 룻기에 나오는, 나오미가 모압에서 베들레헴으로 돌아오던 무렵의 설화라고 한다.

8·15 해방, 57년…. 우리 한국 국민이 초근목피의 굶주림과 왜인들의 굴레에서 헤어난 후, 한 차례의 희년이 지나고도 안식년이 되는 세월을 맞이했다. 8·15의 빛바랜 희년의 감격은 사라져가고 성큼 9월이 온다. 그러나 우리 민족이 단란하게 찾아갈 집을 짓는 데는 희년의 은총을 입은 저 가족과 같은 마음과 다짐이 없었다. 지금도 우리 민족은 남북으로 분단되고, 각종 연고로도 갈기갈기 찢긴 채 나라의 집을 짓지 못하고 있으며, 형제가 연합하여 동거함이 없다. 그러니 보배로운 기름이 어디에 내리며 헐몬의 이슬이 어디로 내린단 말인가(시 131:1-3)!

이스라엘 사람들은 지금도 자신들에게 죽음과 같은 고통을 주었던 게토(Ghetto)를 잊지 말자고 외치고 있다. 이 외침은 원수를 갚자는 것이 아니라, 다시는 그 같은 고통을 당하지 말자는 각성과 각오의 다짐을 거듭하는 것이다. 우리 한국 국민들도 그 뼈아픈 시절들을 잊지 말아야 한다. 집을 빼앗기고 집 없이 살던 시절, 동족상잔의 피에 젖은 비극의 시절, 내 나라 사람과 살면서도 공포에 떨던 시절을 잊지 말아야 한다.

그뿐 아니다. 지금도 나라 안은 부정과 비리, 부패한 재물의 냄새로 가득 차 있다. 민족 복음화를 그렇게도 외쳐 왔는데, 그 많은 세월들이 어디로 다 흘러갔단 말인가! 이제는 멈추지 말아야 한다. 이 세월들을 잊지 말고, 우리가 살 집을 부지런히 지어야 한다. 그 설계는 하나님께 맡겨야 한다. 모두가 기도하고, 국가의 설계는 하나님께로부터 받아야 한다. 이 운동이 지금 우리 한국에 일어나야 한다.

국민 모두는 설계자가 아니라 각 분야를 맡은 건축가가 되어야 한다. 건축자의 심정은 정직하다. 건축자가 되면 누구도 돌을 삐딱하게 쌓거나 기둥을 비스듬히 세우지 않는다. 일단 건축자가 되면 누구든 설계에 맞추어 최선을 다하려는 선한 양심을 가진다. 희년을 만나 종의 자리에서 풀려나서, 퇴락한 집을 다시 세우고 길을 닦으며 다리를 놓던 저들 가족처럼, 우리도 모두 연합하여 동거할 집을 세우는 데 일념합심(一念合心)하여야 한다.

8·15 해방 57주년…! 우리는 집을 짓자. 영차영차 집을 짓자. 든든한 집, 대한민국을! 모퉁이돌로 서로 연결하여 집을 짓자. 성령 안에서 하나님이 거하실 처소가 되자. 그러기 위하여 이제 우리 한국은 모두가 희년의 은총을 베푸신 주께 돌아와 주님이 거하실 민족의 집을 짓자.

- 2002년 8월, 기독저널

창조에 대하여

태초에 하나님께서 천지를 창조하셨다. 땅이 혼돈하고 공허하며 흑암이 깊음 위에서, 즉 무존재(無存在)의 상태에서 유(有)를 이루신 것이다. 그 창조의 마지막 날에, 하나님은 하나님의 형상을 따라 사람(아담)을 만드셨다.

하나님의 창조에는 사람이 생존하는 데 필요한 모든 것과 미래의 필요까지, 그 충족 가능성을 부여하신 하나님의 예비하심(여호와 이레)이 내포되어 있다. 온전하고 완전하신 하나님께서 창조에 있어서 부족함이 없도록 만물을 지으신 것이다. 하나님의 창조는 단회적이며 완벽하시다. 그래서 우리는 하나님을 '창조주'라고 부르고, 이같이 하나님께서 무(無)에서 완벽하고 부족함이 없도록 모든 것을 유(有)가 되게 한 것을 창조(Bara)라고 한다.

하나님은 이 창조의 모든 것을 인간 아담에게 위탁하시며, 생육하고 번성하여 땅에 충만하며 다스리고 정복하라고 말씀하셨다. 이것을 '위탁 명령'이라고 한다. 이후로는 인간들이 필요로 하는 것들을 하나님께서 또 추가로 만들어 주시는 것이 아니라, 하나님의 위탁을 받은 인간이 스스로 충족하도록 하셨다. 미래의 필요에 대해서는 하나님의 창조의 바탕, 즉 기존재(旣存再) 위에서 찾아 그 필요를 충족해 나가도록 하신 것이다. 이것을 재창조(창 2:4, Asah)라고 하며, 이것이 하나님께서 인간에게 주신 은사와 재능이고 달란트에 속한다. 따라서 이같이 하도록 한 '위탁 명령'을 '문화 명령'이라고도 한다.

인간의 생육과 번성을 위하여 하나님이 사람을 다시 또 흙으로 만드는 것이 아니라 인간 스스로 생육하고 번성하게 하셨으며, 짐승과 식물들도 위탁받은 인간이 사육하고 재배하여 생육하고 번성하도록 하셨다. 창조 당시에는 가시적(可視的)으로 없었던 자동차나 TV, 전화기, 항공기 등 현대 생활에 필요한 모든 문명의 이기(利器)들은 창조(Bara)에 바탕을 둔 재창조(Asah)에 의한 것이다. 이처럼 하나님께서 인간에게 주신 은혜와 은사로써 인간이 그 몫을 감당하며 은총을 누리고 있다.

하나님은 그의 형상을 따라 지으신 인간에게 이토록 무한한 가능성을 부여하여 하나님의 창조물을 누리도록 하시되, 단 한 가지를 금하셨다. 바로 하나님의 주권을 범하지 못하도록 하신 선악과의 금령(禁令)이다.

선악을 알게 하는 나무의 열매는 먹지 말라 네가 먹는 날에는 반드시
죽으리라 _창 2:17

인간은 선과 악을 아는 지식에 의해 생육하고 번성하여 하나님
이 주신 모든 것을 다스리는 것이 아니라, '반드시 죽으리라' 하신
말씀을 믿고서 그때그때 하나님의 말씀에 순종함으로 경세(經世)
해 나갔어야 한다.

오늘날 창조에 바탕을 둔 인간의 두뇌 발달은 하늘에 닿고 있
다. 우주 개발에 의하여 조만간 우주정거장이 만들어지고, 지구
밖의 어느 천체(天體)에서 인간이 거하게 될 날이 예견되기도 한
다. 이것들은 하나님께서 창조의 모든 것을 인간에게 위탁한 영역
내의 일이므로 우리에게 허용된 일이다.

그러나 그 많은 존재의 가능성 가운데 딱 한 가지가 금지되어
있다. 선악과의 금령이다. 오늘날 인간의 두뇌, 지식 발달의 최첨
단은 우주 개발보다 인간 게놈(genome) 조작에 있다. 하나님이 만
들어낸 사람이 또 그와 비슷한 사람을 만들어내려는 것이다. 이것
은 하나님의 고유한 영역을 침해하고 도전하는 것이다.

하나님께서는 아담의 갈비를 뽑아내 하와를 만들어 부부가 되
게 하셨다. 그리고 그들의 부부 됨에서 사람을 생산하게 하시고,

생육과 번성의 섭리에 따라 하나님의 형상을 이어가게 하셨다. 그런데 어찌 피조된 사람이 그 섭리를 무시하고 연구실에서 하나님의 형상을 닮은 사람을 만든다는 말인가! 어떻게 하나님의 생기를 만들어 모조 인간에게 불어넣을 수 있다는 것일까? 그렇게 만들어낸 사람에게서 하나님의 형상을 찾아볼 수 있을까? 이것은 곧 바벨탑을 쌓는 것이다. 금지된 지식의 탑을 쌓는 것이므로 무너질 수밖에 없는 탑(ziggurat)이며, 인간 생성의 법칙에 어긋나는 이단이다.

오늘날은 아담과 하와가 선악과를 따 먹음으로써 획득한 인간의 지식으로 세계가 하나가 되어가는 추세이다. WTO나 EU 운동이 그러한 것의 일환이며, 특히 컴퓨터나 휴대폰 같은 문명의 이기들은 세계의 여러 언어가 하나의 언어, 즉 한 구음(口音)이 되는 과정에서 보이는 증상(症狀)이다. 현대의 과학기술은 사람을 만들어내는 일도 가능할 것같이 발전하고 있으며, 도덕적·종교적 동의만 있다면 하나님의 생기와 형상이 없는 완벽한 모조품 인간이 이내 태어날 것 같다. 이것은 곧 피조된 인간들이 구음이 하나였던 연고로 하나님의 권위에 도전하여 바벨탑을 쌓은 것과 같은 일이다.

하나님이 내리신 최초의 금령에는 믿음과 순종을 바라는 하나님의 뜻이 담겨 있다. "선과 악을 알게 하는 나무의 열매가 있다. 그러나 그것을 따 먹지 말아라. 만일 따 먹는 날에는 반드시 죽으리라." 즉, 하나님께서는 피조된 인간들이 선악의 지식 능력을 갖는 것을 원하지 아니하시고, 다만 자신들을 지으신 하나님의 뜻에 순종하기를 바라셨던 것을 알 수 있다.

그러나 그들이 금령을 어기고 선악과를 따 먹었으므로 필경 선과 악을 알게 되었을 것은 자명하다. 그들은 벌거벗은 수치를 알고 부끄러워하였으나 나무숲 뒤에 숨을 뿐, 선(善)을 행할 능력도 없고 악에 대처할 능력도 없이 타락한 무능자가 되고 말았다.

하나님께서 이 금지의 계명을 통해, 믿음과 순종을 바라는 하나님의 뜻과 동시에 선택의 자유의지를 사람에게 주셨음을 알 수 있다. 그렇게 좋게, 그렇게 완벽하게, 그렇게 부족함이 없게 만드신 모든 것을 인간이 누리도록, 인간에게 자유의지와 선택할 수 있는 권한을 주신 것이다. 그러나 이 모든 것은 하나님의 창조의 뜻 안에서의 문제이다. 마땅히 하나님의 말씀을 믿고 순종하는 것이 본래적인 복된 삶이며, 피조물 된 인간이 가야 할 복된 길이다.

멋에 대하여

횡단보도를 건너가는 어떤 한인 여성을 보고, 한 학생이 "야, 저기 멋쟁이 여자가 지나간다"라고 말한다. 그 여자가 누구인지는 모르지만, 루이뷔통 가방에 버버리 코트를 걸친, 옷차림과 몸가짐이 세련된 멋쟁이였다. 이름난 상표의 가방과 코트를 걸쳤으니 손목에 찬 시계도 고급일 것이고, 구두나 내장품(內裝品)도 이름난 메이커의 제품일 것이다. 속내는 모르지만, 겉으로 나타난 모습은 참 멋이 있었다. 돈만 있으면 누구나 될 수 있는 멋쟁이다. 이러한 멋을 영어로는 dandyism 또는 stylish라는 단어로 표현할 수 있을 것이다. 속에서 우러나온 것이 아니라 겉을 치장해서 만들어지는 멋이다.

그런데, 오후에 소포를 부치기 위해 우체국에 가서 줄을 서고 있는데, 공교롭게도 아침에 본 그 멋쟁이 여자가 그 우체국에 나타났다. 오후 시간의 우체국에는 으레 많은 사람들이 줄을 서서 자기 차례를 기다린다. 꾸부정하게 허리가 굽고 허름한 차림의 나이 든 한국인 할머니가 손에 봉투를 쥐고, 피곤한 듯 자기 차례를 기다리고 있었다. 그런데 그 멋쟁이 여성이 그 할머니 곁으로 살그머니 오더니, "할머니, 미안하지만 나 여기 좀 끼어 섭시다" 하며 별다른 양해도 없이 줄에 끼어들었다. 겉은 멋쟁이였는데, 속은 얌체였다. 그 얌체의 속성이 겉으로 나타난 멋으로 남에게 수용될 줄 아는 모양이었다.

그 모습을 보고서 뒤에 섰던 허름한 히스패닉 노동자 한 사람이 영어로 "젊은 멋쟁이 아주머니, 줄을 제대로 서시지요"라고 말했다. 그 여자는 히스패닉 노동자를 멸시하는 눈초리로 바라보았는데, 그녀로부터 멋은 사라지고 무례와 천태(賤態)만 불거져 나왔다. 오히려 '멋'은 그 허름한 노동자에게 있었다. 그는 거리의 일당(日當) 노동자처럼 보였으나, 오히려 다른 사람들이 하지 못하는 '경우에 합당한 말'을 할 줄 아는 사람이었다(잠 25:11).

그 노동자가 용무를 마치고 우체국에서 나와 네거리 모퉁이 전봇대 밑에 서 있었다. 아마도 하루 일을 얻기 위해 자기를 불러 줄 사람을 기다리는 것 같았다. 그때 시내버스에서 한 노인이 내려 횡단보도를 건너기 시작했다. 몇 발 걷다가 신호등이 바뀌려는 것을 보고 허둥지둥 서두르다가, 보따리를 든 채 길바닥에 쓰러져 넘어지고 말았다. 다른 사람들도 많이 있었지만, 우체국에서 보았던 히스패닉 노동자가 재빨리 달려가 그 노인의 짐을 들고, 노인을 부축해서 길을 건네 주었다. 그러는 사이, 차 하나가 그 히스패닉이 서 있던 자리에 와서, 거기서 기다리고 있던 다른 두 사람을 태워서 가 버렸다. 노인을 돕느라 하루 일당의 기회를 놓친 히스패닉 노동자는 다시 그 길모퉁이의 전봇대에 기대어 무표정한 모습으로 기다리기 시작했다.

그의 겉모습은 그 멋쟁이 얌체 여자와 대조하면 초라하기 짝이 없었다. 겉으로 보이는 멋이라고는 찾아볼 수 없는 초라한 모습이었으나, 그의 선한 행동에는 내면으로부터 우러나온 참 멋이 있었다. 그는 우체국에서와 같이 남들이 말을 못 하는 경우에도 합당한 말을 할 줄 아는 강직한 사람일 뿐 아니라, 자기의 유익을 버리고 이웃을 위하여 희생할 수 있는 멋이 있는 사람이었다.

같은 '멋'이라는 말의 의미가 왜 이렇게 다르게 들리는 것일까? "당신은 참 멋쟁이다" 하는 말과 "당신은 참 멋이 있다"라는 말이 좀 다르게 느껴진다. '멋쟁이다' 하면 바리새인이라고 하는 것 같고, '멋이 있다' 하면 신실하고 진지하게 행한다는 느낌을 받는다.

우리는 겉으로 꾸미는 멋보다 내면에서 우러나는 멋의 조성자가 되어야 한다. 겉모습은 초라하고 천할 수도 있으나, 내면으로부터 우러나는 멋을 통해 초라하고 천한 모습도 아름다움(美)으로 보일 수 있다. 반면에 겉에서 꾸민 멋이 아무리 그럴듯하여도,

내면으로부터 표출되는 천취(賤臭)로 인하여 먹칠되고 만다. 내면의 인격 여하에 따라서 화려한 겉모습이 먹칠될 수도 있고, 초라하기 이를 데 없는 겉모습이 아름답게 승화될 수도 있다. 내면의 인격이 이래서 중요하다.

그러면 내면의 인격은 어떻게 형성되는 것일까? 하나님께서 인간을 지으실 때 그 형상을 따라 지으셨다. 하나님이 흙으로 만드신 사람의 코에 하나님의 생기를 불어넣으셨을 때에 비로소 생령이 되었다. 즉, 행동하는 생명체가 된 것이다. 그 생기 속에 들어있는 하나님의 형상이 인간을 행동하게 한다. 따라서 인간에게 주어진 하나님의 형상은 '의와 진리의 거룩함'이라는(엡 4:24) 내면의 요소이지, 결코 외면적 요소는 아니다.

그러나 인간이 죄를 지으므로 그 죄의 베일(veil)이 하나님이 주신 형상을 가리게 되었다. 그로 인하여 하나님이 주신 형상대로 살지 못하고 얌체 인격을 보이며, 거짓으로 행하며, 이기적이고 천한 것으로 나타나는 것이다. 하나님의 형상을 가리고 있는 베일을 벗기기 위해서는 말씀과 성령으로 거듭나야 한다. 예수 그리스도를 영접함으로 성령이 내주할 때 그 베일이 벗겨진다. 성령을 따라 행할 때에 그리스도인의 멋이 생활로 나타나는 것이다.

하나님은 외모를 보지 않으시고 중심을 보신다. 사무엘 선지자가 하나님의 부르심을 받고 이스라엘의 왕을 찾으러 갔을 때, 하나님은 그에게 외모를 보지 말고 중심을 보라고 하셨다. 시편 51

편 6절에서 하나님은 중심에 진실할 것을 원하신다고 했다.

중심을 보시는 하나님은 우리의 속마음을 다 알고 계신다(막 2:8). 내 속에 있는 음욕과 정욕, 증오와 시기, 해코지하려는 마음과 교만한 마음을 숨기고, 겉으로는 의젓하고 고상하게 있다 할지라도 우리의 중심을 다 아시며, 회개하기를 기다리고 계시는 것이다. 내가 속마음으로 한 여자에 대한 음욕을 숨기고 겉으로는 고상한 체할지라도, 하나님께서는 "너는 제7계명을 범하였느니라" 하고 정죄하신다.

나의 속마음을 숨기려야 숨길 수가 없다. 그러니 하나님을 경외하지 않을 수 없는 것이다. 그러므로 하나님을 경외하는 것이 세상을 사는 지혜와 지식을 얻는 길이다(잠 1:7, 9:10).

믿는 가정에서 혼사 얘기가 오갈 때나 일자리를 부탁하고 알선할 때면, 그 사람이 그리스도인이냐 아니냐를 묻는 것이 통례(通例)이다. 그러나 언제부터인가 "그 사람, 그리스도인이냐?"라고 묻는 말이 마치 "거리의 멋쟁이냐?"라고 묻는 말처럼 들릴 때가 많고, "바리새인이냐?"로 들리기도 하는 것 같아 종종 마음에 언짢다. 이제는 "그 사람, 믿는 사람이냐?" 하고 묻기보다 "그 사람, 정말로 멋진 사람인가?"라고 묻고 싶다. 또한 멋쟁이보다는 멋진 사람이 되면 참으로 좋겠다는 마음이 간절하다.

희망의 포도

2012년 신년 벽두에 어느 일간지에 실린, 가슴을 아프게 하는 한 기사를 읽었다.

20세 나이에 아메리칸드림을 안고 부친을 따라 미국에 온 A씨가 그의 부친과 함께 맨해튼 업타운(Uptown)에 식료품 가게를 열었다. 이민 초기에는 아메리칸드림의 열정이 넘쳐, 새벽을 깨우며 집을 나서 늦은 밤에 별을 보고 돌아왔다. 바보처럼 부지런하고 바보처럼 정직하고 바보처럼 친절하며, 고객과 이웃에 대하여 바보처럼 헌신적이었다고 한다. 이같이 고된 10년의 세월이 흐르고 그의 꿈도 이루어졌다 싶었다.

그런데 뜻하지 않게 9·11 테러 사건이 터졌다. 그 뒤부터 매상이 급감하여, 시일이 갈수록 가게의 운영이 점점 어려워졌다. 성취의 희망이 서서히 사라지고, 오히려 절망의 그림자가 드리우기 시작하였다. 9·11 사태 이후에도 온갖 애정과 정열을 쏟아부으며 근 10년이라는 오랜 기간을 버텼으나, 결국은 지난해 연말경에 폐업할 수밖에 별도리가 없게 되었다. 개업한 지 20년이 넘도록 운영해 오던 가게의 문을 닫으면서, 그는 하염없이 눈물을 흘렸다고 한다.

이런 와중에 A씨의 부친은 세상을 떠났고, 삶의 터전을 잃은 그는 자신의 가족을 이끌고 어디론가 새로운 삶의 터전을 찾아 길을 떠난다고 했다. 불황의 늪에서 자포자기하고 자살하는 일이 종종 일어나는 상황에서, 그가 삶을 포기하지 않고 실낱같은 희망을 갖고 있었다는 것이 감사하고 소중하다.

A씨에게는 각박한 이민 생활 가운데서도 교회를 들락거린 흔적이 엿보였다. 그의 신앙의 깊이는 알 수 없었으나, 소망이나 희망이라는 단어가 눈물로 가게를 닫은 그의 가슴속에 남아 있었던 것 같다.

이 기사는 요즘 흔히 들리는 불황 이야기의 한 토막이다. 기사의 제목도 '눈물의 폐업'이었다. 서브 프라임 부실 등으로 인한 폐업, 파산, 사기, 강도의 증가, 생활경제의 몰락 등, 불황 이야기는 신문의 단골 기사이다.

나는 이 기사를 읽고서, 내가 태어난 1930년대에 몰아닥친 미국의 대공황기를 배경으로 쓴 존 스타인벡의 《분노의 포도》를 상기하였다. 책으로 읽고 영화로도 본 이야기이다.

당시 미국 도시의 거리에는 실업자 군상이 줄지어 있었고, 가게와 공장, 은행들이 문을 닫는 사태가 속출하였다. 은행 대출 이자를 지불할 능력이 없어 추가 대출도 받지 못하여, 농민들은 농토와 집을 날리고 굶주리며, 도시민들은 쓰레기통을 뒤져야 했다. 더욱이 미 중부 지방에 들이닥친 가뭄과 모래폭풍이 농가마저 쓰러뜨려, 그들은 어디론가 새로운 땅을 찾아 떠나야만 했다. 그 희망의 땅이 서부의 포도 농장이었다. 그들에게는 서부의 포도 농장에 가서 일하면 생명은 이어갈 수 있다는 희망이 있었다.

오클라호마, 일리노이, 애리조나 등 7개 주를 동서로 가로지르는 66번 도로의 서쪽 방향 2천 마일의 길에는 포도 농장에 희망을 둔 실업 이주민들의 행렬이 이어졌다. 이 소설의 주인공 조드일가도 이 행렬에 끼어 있었다.

조드는 자신의 농장에서 사용하던 낡은 트럭에 이삿짐을 싣고서, 서부를 향하여 66번 도로를 느릿느릿하게 달렸다. 이 고물 트럭에는 그 마을에서 목회하던 시골 목사 케이시도 끼어 있었다. 그 역시도 교회 문을 닫고, 이들과 함께 서부로 가서 포도 농군들을 상대로 목회하려는 것이었다. 미시시피강을 건너고 오클라호마의 대평원을 지나 서쪽으로 서쪽으로 갔다.

그러나 서부가 가까워질수록, 희망이 될 줄 알았던 서부 포도 농장의 소식은 그다지 좋지 않았다. 모여드는 실업 노동자가 많다

서재에서 환하게 웃어 보이는 주진경 목사.

보니, 포도 농장에서 주는 임금이 그들이 살아가기에는 터무니없이 적다는 것이다. 그렇다 해도 다른 방도가 없는 그들은 서쪽으로 갔고, 기나긴 여행 끝에 포도원 농장을 찾아가 일자리를 애원하였다.

농장의 주인들은 인색하여, 그렇게 온 일꾼들을 멸시하고 천대하며 혹사시켰다. 농장의 일꾼들은 견딜 수 없는 인격 모독, 짐승 수준의 굴욕적인 대우를 받았으나, 생존을 향한 존엄 때문에 그 모든 굴욕과 수치와 고통을 참아가며 우마(牛馬)와 같이 일하였다. 상대적 빈곤은 인간적으로 참기 어려웠으나, 그럼에도 절대적 빈곤에 대처하는 그들의 모습은 숭고하였다. 그들이 수고의 땀을 흘린 포도 농장에는 농부들의 분노와 한(恨)이 서려 있었으나, 그 포도 열매에는 찬란한 햇빛이 비치고 있었다. '분노의 포도'(the grapes of wrath).

조드 가족이 포도에 얽힌 분노를 이겨낼 수 있었던 것은 낡은 트럭을 같이 타고 가던 시골 목사 케이시가 심어 준 희망의 씨앗 때문이라고 생각했다. 이 책을 쓴 존 스타인벡의 사회주의적인 작가 정신보다는, 그 속에 담겨 있는 성경적(출애굽과 민수기에서 볼 수 있는) 의식, 생명에 대한 정열과 희망, 소망 의식이 엿보인다는 점에서 감동적이었다.

내가 아는 한 동년배 친구는 "여러 가지 난관을 남모르게 딛고 오늘에 이르게 된 것은, 그나마 부족한 우리 부부가 딸들에게 보여 준 신앙의 그림자 덕분이 아닐까 하는 생각이 들어 하나님께 한없는 감사를 드렸다"라고 고백했다. 이 시대의 '분노의 포도'가 '희망의 포도'로 변화되기를 바라는 마음이 간절하다.

- 2012년 새해 첫 달 22일에

상심의 계절에

얼어붙었던 땅이 녹고, 말라비틀어졌던 나뭇가지에 물이 오르며, 피부에 스치는 바람의 감촉은 부드럽다. 매섭게 차가웠던 햇살도 따스하게 느껴진다. 이제 녹음이 우거지고 꽃들도 피어나기 시작한다. 꽃 피고 새 우는 계절이 온다. 그리스도인들에게는 이 낭만의 계절과 함께 상심(傷心)의 계절이 같이 다가온다. 사순절(四旬節)이다.

현기증 나리만큼 어지럽고 두려운 세상을 살면서, 인적이 끊긴 이른 새벽에 천혜(天惠)의 고요와 정적을 헤치고 퇴락하고 허름한 교회에 나가 무릎을 꿇으면, 형언할 수 없는 눈물과 비탄의 감격이 가슴을 메운다. 하루 사는 일로 지친 몸을 침상에 뉘어 무책임하게 모든 것을 어딘가에 맡기고 의식 없는 호흡을 거듭하고 나면, 말할 수 없이 고요하고 청정(淸淨)한 새 아침이 펼쳐져 있다. 이것이 어찌 자연의 순리(順理)이기만 하겠는가? 죄악 세상에 살면서 영원한 죽음의 나락(奈落)에 떨어질 수밖에 없는 생명을 하나님께서 구원해 주신 것뿐만 아니라, 먹고 마시며 누워 자고 앉고 일어나는 모든 인간사(人間事)가 하나님의 은총임을 알 만한 것이 인간의 양심이다.

이웃 나라 일본에 미증유의 해일(海溢)이 일어나고, 이로 인한 원자력 발전소의 파괴 등의 재난에 세계의 이목이 집중되었던 것이 벌써 1년 전의 일이다. 그런 일본에 최근 들어 또 작지 않은 강도의 지진이 꿈틀거리고 있다고 한다. 이러한 재난에 대하여 여러 가지 자연과학적인 이론과 말이 있지만, 어찌 그 같은 일을 자연의 현상이라고만 할 수 있겠는가? 원인 없는 결과와 이유 없는 현상은 없다고 하는데, 그것이 어찌 자연과학적인 원인과 결과라고만 말할 수 있을까?

모든 일에는 원인이 있고, 그 원인에는 만물을 다스리는 창조주의 섭리와 뜻이 있다. 우리 한국이 지내 온 역사와, 일본이 한민족에게 자행한 민족적 과거사를 돌아보면, 하고 싶은 말이 입가를 맴돈다. 그러나 역사적 고난을 통하여 성숙해진 우리는 쉽사리 그 말을 뱉기를 삼간다. 과거사 속의 진실은 쌍방이 진솔(眞率)하게 청산하고, 새로운 세계 지향의 동반자가 되는 것이 마지막 세상을 사는 양심과 지혜요 살길일 것이다. 과거사를 청산하고 새로운

'유로(euro)' 시대를 열어가며, 경제적 어려움을 당하고 있는 인근 국가들을 돕는 데 앞장서고 있는 독일을 우리는 보고 있다.

더구나, 최근에 발생한 우리나라 고리원자력발전소의 사고 사례는 또 무엇을 말하는 것일까? 일본이 자국에 큰 참사를 자초했을 뿐 아니라, 장차 핵전쟁을 준비하려는 것처럼 60만여 개의 핵연료봉을 숨겨 왔다는 괴문도 들리지만, 그렇게는 안 했기를 바랄 뿐이다.

그들 때문에 큰 아픔을 당해온 우리에게, 한민족과 그리스도인들에게, 처참한 현대적 재앙을 당한 일본 땅은 사랑의 시험지대(試驗地帶)이기도 하다. 커다란 재앙을 당한 그들에게 우리가 선의를 베푼 것은, 국경 없는 그곳이 사랑의 시험지대요 선린(善隣)의 묘상(苗床)이기도 하기 때문이다.

낭만과 상심이 교차하는 이 계절의 깊은 의미를 작은 몸에 어떻게 다 채울 수 있겠는가? 가슴을 쥐어짜며 비탄의 노래를 즐거움으로 부르고, 고뇌와 고통이 나에게 기쁨과 즐거움으로 전이(轉移)되어 오기까지, 숙인 머리를 들지 말아야 할 것이다. 우리는 그 시대를 살아왔고, 분주하고 분요한 오늘의 시대에 살고 있지만, 알지 못하게 다가오는 미래를 위하여 마음껏 상심해야 할 것이다.

- 2012년 3월 18일

시대와 경건

"악한 시대를 극복하는 힘은 경건의 능력이다."

컴퓨터의 오작동을 우려하며 맞이한 새 천 년의 시대가 벌써 2002년의 중반을 지나고 있다. 빨리 다가오고 빨리 지나가는 이 시대에 나타난 여러 가지 특징 가운데, 가장 뚜렷한 세 가지를 들어 보면 다음과 같다.

첫째, 인간 복제의 시대가 도래했다는 것이다. 사람이 사람을 만들어내는 시대, 즉 사람이 못할 짓이 없는 시대가 되었다. 제2의 바벨탑이라고 할 수 있을 것이다. 자동차에는 자동차 부품 상회가 있듯이 인간에게 있어서도 인체 부품 은행이 있어서, 병들어 죽어가는 사람에게 부품 하나를 갈아 끼워줌으로써 그 생명을 되살려낼 수 있는 시대가 바야흐로 펼쳐지리라는 전망이다. 그렇게 되면 인류에게 있어서 최고의 복지 이상이 실현되는 것이다. 그러나 정작 그러한 시대가 본격적으로 펼쳐지면 인간의 가치와 존엄성은 땅에 떨어지고 말 것이다. 인간의 가치가 자동차의 가치 정도로, 인간의 존엄성이 자동차를 아끼는 마음 정도로 떨어지고 말 것이다. 또한 복제된 인간을 하나님의 형상을 닮은 인간이라고 말할 수 있는지도 문제이다. 복제된 인간이 선하게 살았든지 악하게 살았든지 간에, 그 삶과 죽음에 대하여 의미를 부여하는 일도 고뇌스러운 일이다.

둘째, 인간 언어의 변화이다. 인간의 언어가 기계(機械) 언어로 변해 가고 있다. 우리들의 심장에서 우러나와 감정과 정서가 어린 인격 언어가, 컴퓨터라고 하는 기계를 통하여 전자 언어(Electronic Word)로 변해가고 있다. 인격 언어가 점점 뒤로 물러가고 기계 언어가 인간의 삶의 주역을 차지하면, 세상은 매우 편리하고 능률적이고 효율적일 것이다. 그러나 전적으로 그러한 시대가 도래하면 인간 사회는 삭막해지고, 가공할 범죄가 걷잡을 수 없이 범람할 것은 자명하다.

셋째, 충성의 격변화(格變化)이다. 충성은 사랑으로부터 출발한다. 조국과 민족에 대한 사랑, 내가 낳고 자란 향리에 대한 애정, 내가 속해 있는 생활 공동체에 대한 애착, 나를 구원하신 예수 그리스도에 대한 사랑 등이다. 이러한 사랑 까닭에, 조국과 민족에 대하여, 내 향리와 사회에 대하여, 그리스도 예수에 대하여 몸 바쳐 섬기는 것이 충성이다. 그런데 어떤 종교는 충성이 사랑으로부터 출발하지 않고 증오로부터 출발한다. 증오의 대상을 죽이는 데 내 몸을 바치는 것을 충성으로 알고, 또 그렇게 죽으면 열두 처녀의 시중을 받게 된다면서 그것을 소망한다.

참으로 악한 시대를 우리는 살아가고 있다. 그러나 이렇다고 하여서만 시대가 그저 악한 것은 아니다. 배우지 못한 사람이 무시를 당하면, 그 시대는 악한 시대이다. 소유가 없고 가난하다고 멸시를 당하면, 그 시대 역시 악한 시대이다. 노쇠하거나 병들고 장애가 있거나 과부나 고아라 하여 소외를 당한다면, 그 시대도 악한 시대이다. 그리고 보면 시대는 언제나 악할 수밖에 없다. 세상에는 선과 악이 공존하고 있지만, 성경은 때가 악하다고 말한다.

교회 안에는 이러한 악한 시대의 조류가 흐르지 않는다고 말할 수 있을까? '그렇지 않다'라고 감히 말할 수 없을 것이다. 교회라는 이름으로 포장된 세속의 물결이 소리 없이 대하처럼 도도히 흐르고 있는 것이 오늘의 현실이다.

세속 사회에서는 한 사람이나 소수로 인하여 다수가 비판을 받고 평가를 받는 것이 합당하지 않다 할 것이다. 그러나 교회에서는 소수로 인하여 다수가 비난을 받고 평가받는 것을 숙명으로 받아들이는 연대 의식이 있어야 한다. 아무리 내 교회는 그렇지 않고 나는 그렇지 않다 하더라도, 어느 한 교회와 한 교인에 대한 지탄을 내 교회와 나에 대한 지탄과 비판으로 수용하는 태도가 있어야 한다. 교회는 그리스도의 몸이므로, 모든 교회가 한 몸인 까닭이다. 이웃 교회가 타락하고 세속의 늪에 물들어가는 것을 보면서 지도자급에 있는 교회나 지도자로 세움을 받은 이들이 자신과 상관없는 일로 치부하고 자기는 안 그랬다고 점잖은 척하거나, 자기만 잘하면 된다는 식으로 방관하고 있다면, 그 교회 역시 도도히 흐르는 세속의 물결에 휩쓸려 같이 흘러가고 있는 것이다.

이런 시대를 향하여 사도 바울은 "세월을 아끼라 때가 악하니라 그러므로 어리석은 자가 되지 말고 오직 주의 뜻이 무엇인가 이해하라"(엡 5:16-17)라고 말한다. 또한 "너희는 이 세대를 본받지 말고 오직 마음을 새롭게 함으로 변화를 받아 하나님의 선하시고 기뻐하시고 온전하신 뜻이 무엇인지 분별하도록 하라"(롬 12:2)라고 말하고 있다. 이 말씀은, 이처럼 빠르고 악한 시대의 물결을 거슬러 구별되고 경건한 삶을 살아가라는 것이다.

매달 수강료 40달러의 컴퓨터 강습을 한다는 어느 교회의 광고를 보았다. 좋은 명분과 의도가 있었을 것이나, 아무리 생각해 보아도 교회 이름으로 낼 만한 광고는 아니라고 여겨진다. 이런 류(類)의 광고는 그것만이 아니다. 교회가 그리스도인에게 보편적으로 표방하고 가르치는 것은 '경건의 삶'이다. 경건에는 경건의 모양과 능력이 있다. 그 모양과 능력이 겸비되어야 참된 경건이라 할 수 있고, 참된 경건이 있어야 주님의 뜻이 이루어지는 삶을 살 수 있다.

건물에 교회라는 이름의 간판을 내걸었다 하여 모두 교회일 수는 없다. 예수 그리스도의 임재하에 참된 교회의 역할과 사역(복음의 실천)이 없다면, 교회의 모양은 있으나 생명의 능력이 없는 껍데기에 불과한 것이다.

디모데후서 3장 12절을 보면, 말세에 고통당하는 때에 "무릇 그리스도 예수 안에서 경건하게 살고자 하는 자는 박해를 받으리라"고 기록되어 있다. 이 말씀은, 말세를 사는 그리스도인들은 박해를 받는다 할지라도 경건하게 살아야 한다는 명제적인 경구이다. 더구나 오늘과 같이 악한 시대는 그 박해가 더 심할 것이다.

연약한 인간으로서, 이 악한 시대를 재물이나 권력, 명예, 지식 또는 그 밖의 세상적인 힘으로 살아갈 수는 없다. 그렇다고 거짓과 속임수로 살아갈 수도 없다. 만일 그렇게 살아간다면, 세상적이고 육적인 힘과 노력의 악순환만 반복될 것이다. 그렇다면 어떻게 해야 하는가? 다만, 하나님의 말씀을 따라 경건의 능력으로 살아갈 수 있다.

경건은 겉으로만 의젓하고 근엄하고 거룩한 모습이 아니다. 하나님의 자비를 이루는 섬김과 노력이다. 남을 흡수하고 포용하며, 내가 고통을 당하면서도 사랑의 실천과 화평을 이루어내는 일이다. 배타적이고 적대적이고 냉담하던 사람을 내가 포용하고 수용할 때, 내 겉모습만으로 나를 알던 그가 나의 내면세계를 보고 서로 화평을 이루게 된다. 이렇게 하여 서로 하나님의 자녀가 되는 것이다(마 5:9).

누가복음 11장 37절 이하를 보면, 예수님이 바리새인의 초대를 받아 바리새인의 집에서 잡숫는 기사가 기록되어 있다. 초대를 받은 예수님이 손을 씻지 않고 잡숫는 것을 보고, 예수님을 초대한 바리새인이 이를 이상히 여겼다고 기록되어 있다. "이상히 여기는지라"라는 말은 '놀라다'라는 뜻이다. 즉, 부정적이거나 조소적인 놀라움이다.

경건하다고 자부하는 바리새인이, 자신이 초대한 예수님이 그 당시의 관습에 따라 손을 씻어야 함에도 불구하고 손을 씻지 않고 잡숫는 것을 보았다면, 자리에 앉은 채 속으로 비웃으며 이상히 여기고 있어서는 안 되었다. 일어나서 대야에 물을 떠다가 예수님께 드리고 수건도 드리는 것이 경건이요 능력이다. 그래서 앉은 채로 이상히 여기기만 하는 바리새인을 향하여, 예수님이 "너희 바리새인은 지금 잔과 대접의 겉은 깨끗이 하나, 속에는 탐욕과 악독이 가득하도다"(눅 11:39)라고 하신 말씀은, 곧 경건의 모양은 있으나 경건의 능력이 없다는 것을 지적한 것이다.

진정한 경건은, 내가 경건치 못한 자의 수준으로 내려가 그를 경건의 수준으로 끌어올리기 위하여 스스로 애쓰고 섬기는 것이다. 하나님의 본체이신 예수님은 이 땅에 죄인의 자리에까지 내려와, 죄인들을 사망에서 생명으로 이끌어 올리기 위하여 죽기까지 섬기며 최고의 경건을 보이셨다.

부시 대통령이 인간 복제를 허용치 않은 것은 다행스러운 일이다. 복제 인간의 시대, 기계 언어의 시대, 증오로 충성하는 시대이다. 무식하고 천하고, 나이 들고 병들어 유약한 자들이 멸시당하고 천대받으며 소외당하는 이 악한 시대를 헤치고 성공적으로 살아갈 수 있는 길은, 오직 그리스도 예수에 대한 소망 가운데서 진정한 경건의 삶을 사는 길밖에 없다.

- 2002년 5월, 기독저널

고통에 대하여

마태복음 24장에는 말세의 외적인 징조에 대하여 기록하고 있고, 디모데후서 3장 1절 이하에는 말세에 있어서 인간 내면의 징조들을 기록하고 있다. 디모데후서 3장 1-5절에 기록되어 있는 바와 같이, 말세의 고통당하는 때에는 사람들이 자기를 사랑하며 돈을 사랑한다. 자기와 돈은 다스려야 하는 것인데 다스리지 않고 사랑한다면, 이것은 제1계명을 범하는 것이 된다.

그뿐만 아니라 자긍하고 교만하고 훼방하며, 부모를 거역하고 감사하지 아니하고, 거룩하지 아니하고 무정하며, 원통함을 풀지 아니하며, 참소하고 절제하지 못하고, 사나우며 선한 것을 좋아하지 아니하고, 배반하여 팔며 조급하며, 쾌락 사랑하기를 하나님 사랑하기보다 더하며, 경건의 모양은 있으나 경건의 능력은 부인한다고 성경은 말한다. 이같은 인간 내면의 징상(징후와 상태)들은 지나온 어느 시대에서나 있어 왔지만, 특별히 이 모든 징상이 극심한 오늘날은 분명 고통당하는 말세인 것이다. 디모데후서 3장 12절은 "무릇 그리스도 예수 안에서 경건하게 살고자 하는 자는 박해를 받으리라"라고 기록하고 있다.

성경에는 고통과 고난에 대한 기록이 많다. 출애굽기 2장 23-25절을 보면, 애굽에 노예로 묶여 고통 속에서 구원의 하나님을 찾으며 부르짖는 이스라엘 백성들의 음성을 하나님께서 들으시고, 이들을 회복시키려는 하나님의 뜻과 그 구원의 손길을 읽을 수 있다. 하나님은 기구(祈求)한 운명의 계곡에서 고통과 외로움 속에 지내던 모세를 불러 그들에게 보내셨다. 이스라엘 백성들의 고통의 연유는 어디 있고, 모세의 고통의 연유는 또 어디 있는가?

한편 욥기서는 구약의 대표적인 고난의 사람 '욥'이 어떻게 극한의 고통의 늪을 헤쳐 나갔는가를 가르쳐 준다. 욥의 그 많은 재물이 일식간(一息間)에 다 날아가 버렸다. 그뿐 아니라, 그의 예쁘고 총명한 열 자녀까지 한꺼번에 다 죽었다. 그가 거느리던 사람들도 다 떠나고, 마침내는 곁에 있어야 할 아내도 떠나 버렸다. 마지막으로 홀로 남은 그는 몸마저 병들었다. 머리끝에서 발끝까지 악창이 나서, 기왓장으로 몸을 긁으며 죽음을 방불한 고통 가운데 처했다. 그의 탄식과 비탄은 처절하기 이를 데 없다.

나에게는 평온도 없고 안일도 없고 휴식도 없고 다만 불안만이 있구나 _욥 3:26

그러나 욥은 하나님을 원망하거나 불평하지 않는다. 하나님의 이같은 징벌을 받을 만한 죄를 지은 바가 없는데, 왜 이같은 가혹한 고통이 닥쳐야 하는가 하고 하나님을 향하여 불만과 원망을 하지 않는다. 그는 오히려 상상할 수 없는 놀라운 신앙을 고백한다.

주신 이도 여호와시요 거두신 이도 여호와시오니 여호와의 이름이 찬송을 받으실지니이다 _욥 1:21

우리가 하나님께 복을 받았은즉 화도 받지 아니하겠느냐 _욥 2:10

그러나 이러한 그의 신앙고백으로도 그의 고통의 문제가 해결되지 않았으며, 상실된 복이 회복되지도 않았다. 욥은 극심한 고통에도 불구하고 하나님을 원망하지는 않으나, 까닭 모르는 고통, 지은 죄와 허물 없이 당하는 고통 때문에 오히려 세상에 태어난 것을 탄식하고, 자신의 생일을 저주하기까지 한다.

욥의 재난 소식을 듣고, 그의 세 친구가 그를 찾아왔다. 그러나 그들은 위로가 되기보다 오히려 그를 정죄하고, 그에게 회개할 것을 촉구한다. 세 친구와 욥 사이에 끊임없는 정죄와 변론이 있을 뿐, 그의 고통의 문제를 해결하지 못한다. 야곱(이스라엘)을 애굽에 내려가게 하시고 큰 민족을 이루게 하신 하나님께서, 후에 이스라엘 민족이 애굽의 노예가 되어 견디기 힘든 고통을 당하는 것을 보고 불쌍히 여기신 것처럼, 욥을 사탄의 시험에 부치신 하나님께서 그 시험의 고통 중에 신음하며 신앙을 지키는 욥을 보고 그를 불쌍하고 가상하게 여기신다. 사실상 욥은 그 자신의 죄와 허물 때문에 그 엄청난 고통을 당한 것이 아니라, 하나님께서 그를 사탄과의 시험에 붙였기 때문에 그 고통을 당한 것이었다.

끝내 욥의 고통의 문제를 풀지 못하는 그들에게, 드디어 하나님이 답을 주신다. 우레와 같은 폭풍 가운데 나타나셔서 말씀하신다. "내가 이 땅의 기초를 놓을 때에 너는 어디 있었으며 만물을 지을 때에 네가 어디 있었느냐? 티끌을 모아 흙을 만들고 흙을 빚어 서로 맞출 때에 너는 어디 있었느냐?(욥 38:1 이하)"

마태복음 5장 48절에서 예수님은 "하늘에 계신 너희 아버지의 온전하심과 같이 너희도 온전하라"고 말씀하셨다. 하나님의 피조물인 인간이 어찌 하나님처럼 온전할 수 있을까? 인간이 그 온전함을 닮아가도록 노력은 하겠으나, 결코 하나님처럼 온전할 수는 없다. 즉, 이 말씀은 창조주이신 하나님께서 인간을 비롯한 모든 피조의 세계에 절대 주권자이심을 선포하시는 말씀이다. "내가 네게 죄가 있어서만 고통을 주는 것이 아니라, 죄가 없어도 다른 이유로 고통을 줄 수 있는 하나님이다"라는 선언이다.

욥은 이제까지 죄 있는 자에게 고통을 주시는 하나님은 알았지만, 하나님께서 죄 없는 자에게도 고통을 줄 수 있는 분이심은 모르고 자기에게 다가온 고통의 모순에 번뇌하였다. 성경은 "누가 주의 노여움의 능력을 알며 누가 주의 진노의 두려움을 알리이까"(시 90:11)라고 말씀한다. 하나님은 욥이 당하는 고통 속에 '욥이 이제까지 몰랐던 하나님을 가르쳐 주려는 뜻'을 두신 것이다.

죄에는 행위(行爲) 죄가 있고, 알고도 행하지 않는 부작위(不作爲) 죄가 있고, 자기도 알지 못하는 무지의 죄가 있다. 하나님은 그 죄의 유형과 질에 따라 다스리시며, 욥은 알지 못하는 죄로 인하여 그 고통을 겪고 온전한 믿음을 갖게 되었다. 욥에게 행위 죄와 부작위 죄는 없었으나, 온전한 하나님을 알기 위하여 그 같은 고통을 겪어야 했던 것이다. 그런 고통을 겪고 하나님을 제대로 알고 난 뒤, 욥이 고백했다.

5내가 주께 대하여 귀로 듣기만 하였사오나 이제는 눈으로 주를 뵈옵나이다 6그러므로 내가 스스로 거두어들이고 티끌과 재 가운데에서 회개하나이다 _욥 42:5-6

그러고서 그는, 그가 겪었던 극심한 고통을 마땅한 고통으로 받아들인다. 이런 욥에게 하나님은 이전보다 더 준수하고 어여쁜 자녀들과 잃었던 재물을 두 배나 더하여 주셨다. 욥이 자기를 고통

속에 두신 하나님의 뜻을 깨달아 알고 나니, 하나님께서 상실했던 복을 회복시켜 주셨다. 로마서 8장 18절의 "현재의 고난은 장차 우리에게 나타날 영광과 비교할 수 없도다"라는 말씀처럼, 하나님의 뜻이 담긴 현재의 고통을 감당하고 나면 장차 비교할 수 없는 영광스러운 복을 누리게 된다.

욥의 고통은 밖으로 고백되고 표출된 고통이다. 탄식과 변론이 있었고, 하나님의 후속적 개입과 상실된 복의 회복이 있었다. 그러나 겉으로 표출되지 아니하고 고백되지 아니한 고통도 있는데, 바로 믿음의 조상이요 복의 근원 된 아브라함이 겪은 고통이다.

'아브라함' 하면 일반적으로 믿음의 조상과 복의 근원으로만 인식되고, 고통의 사람으로 인식되지는 않는다. 그러나 아브라함에게는 본의와 상관 없이, 타의에 의하여 자신의 고장을 두 번이나 떠나야 하는 고통이 있었다. 한 번은 갈대아 우르에서(창 11:31), 또 한 번은 하란에서 계획한 바도 없이, 어디로 가야 하는지도 모른 채 정 들이고 살던 고장을 떠나야 했다(창 12:1-). 떠나야 할지 떠나지 말아야 할지를 결정하는 것은 지극히 고통스러운 일이다.

또 약속을 기다리는 고통, 곧 하나님께서 주기로 약속하신 아들을 기다리는 고통이 있었다. 기다림은 고통이다. 그의 자손을 번성시키고 한 민족을 이룰 것으로 기대했던 독자 이삭을 하나님께 번제로 드려야 하는 반인륜적이고 뼈아픈 고통도 있었다. 아버지로서 아들을 잡아 죽여서 불에 태워 하나님께 드려야 하는, 인륜

도덕에 어긋나는 패덕 행위를 하면서까지 하나님의 뜻을 따르기로 결정하는 고통을 겪어야 했다.

하나님이 아브라함에게 내리신 명령은 약속을 파기하는 명령이요, 인류 도덕에 어긋나는 것이요, 야만적인 것이었다. 항변할 수 있는 근거가 너무나 뚜렷했다. 그러나 아브라함은 욥과 달리 이 모든 고통을 입 밖으로 표출하지 않고 속으로 감당해냈다. 아브라함을 이런 고통 속에 두신 하나님의 뜻은 아브라함으로 하여금 믿음의 조상이요 복이 되게 하려는 것이었다.

욥이 겪은 고통이나 아브라함이 겪은 고통은 '당한 고통'이다. 스스로 불러온(自招) 고통이 아니다. 죄를 짓고 안 짓고에 관계없이, 하나님께서 예정하신 뜻을 두어 허락하신 고통이었다. 그래서 당한 고통이다. 겪어도 좋고 안 겪어도 되는 그러한 고통이 아니라 우리에게 주어진, 당해야 할 고통인 것이다. 그러므로 이 고통은 믿음으로 순종하여 감당해야 하는 고통이다.

히브리서 12장 1절 이하에는, 하나님께서 우리 인간들에게 주신 믿음의 경주는 '당한 경주'(the race marked out for us, the race which is set before us)라고 기록하고 있다. 달려도 되고 안 달려도 되는 경주가 아니라, 반드시 달려야 하는, 당한, 숙명적 경주라는 말이다.

이처럼 당한 경주를 달리기 위해서는 지켜야 할 규칙(rule)이 있다. 무거운 것과 얽매이게 하는 것을 벗어 버리고, 인내로써 주를 바라보고 달려야 한다. 하나님이 주시는 고통은 당한 고통, 즉 내가 겪어도 되고 겪지 않아도 되는 고통이 아니라 반드시 겪어야 하는 고통이므로, 기쁨으로 순종하여 감내하면 하나님이 개입하셔서 회복하여 주실 것이라는 믿음으로 감당해야 하는 것이다.

창세기 2장 17절의 "선악을 알게 하는 나무의 열매는 먹지 말라 네가 먹는 날에는 반드시 죽으리라"라는 선악과의 계명은 순종의 계명인 동시에 믿음의 계명이다. 먼저 순종하고 먹지 말았어야 했다. 아담은 불순종하여 선악과를 먹음으로 다가온 고통을 당하게 되었고, 그 고통 중에서 영적 죽음을 알게(믿게) 되었다. 믿음은 순종에서 얻어지는 영적 삶의 지혜이다.

잠언은 여호와를 경외하는 것이 지식의 근본이요(1:7), 여호와를 경외하는 것이 지혜의 근본(9:10)이라고 하였다. 여호와를 두려워하고 경외할 때 순종의 지혜가 나오며, 이는 곧 하나님을 기쁘시게 하는 믿음이다. 순종이라는 고통이 기쁨으로 변하는 믿음의 축복이 되는 것이다.

세상의 소금과 빛

마태복음 5:13-16

대부분 사람들의 대면은 "평안하냐" 하는 문안의 인사말로 시작합니다. 사도들의 서신도 대부분 하나님의 은혜와 평안을 비는 인사말로 시작합니다. 그러나 메시아요 평강의 왕으로 오신 예수님께서 이 세상을 대하는 최초의 말씀은 "평안하냐, 샬롬(Shalom)"이 아니라 "회개하라, 천국이 가까이 왔느니라"(마 4:17)로, 곧 명령이요 선포였습니다. 이 말씀을 다른 말로 표현하면, '돌이켜 내게로 돌아오라, 그렇지 않으면 지옥이다'라는 뜻입니다.

메시아로 오신 예수님이 이 세상을 향하여 최초로 하신 이 말씀은 결코 유치하거나 즐거운 말씀이 아닙니다. 예수님은 하나님이 택하신 백성, 즉 이스라엘을 향하여 평안을 물으실 겨를이 없었습니다. 예수님보다 한발 앞서 회개를 외친 세례 요한이 선포한 대로, 죄와 멸망의 늪으로 급류를 타고 흘러가던 이스라엘 백성에게 하나님의 진노가 임박하여, 도끼가 나무뿌리에 놓인, 회개가 절박한 때인 까닭이었습니다(마 3:7, 9).

당시 이스라엘의 사회상을 살펴보면, 로마제국의 식민 통치를 받던 억압의 시대였고, 세리 같은 친로마파 동족의 수탈 행위에 시달리던 시대였습니다. (우리 한국도 36년간 일제의 식민 통치 아래에서 이같은 고통을 뼈저리게 겪은 바 있습니다.) 또한 외식하는 바리새인과 서기관들이 율법과 장로의 유전으로 백성들을 얽매이게 하고 지배하던 시대였습니다. 자색 옷과 가는 베옷을 입고 날마다 호화로이 열락(悅樂)하는 부자들의 문간에서 병들어 누워 구걸하는 거지 나사로로 대표되는, 가난한 이스라엘 백성들이 버림받은 시대였습니다. 38년간 병들어, 베데스다 연못가에 누워 연못에 물이 동하기를 기다리나, 그 병자를 연못까지 데려다주는 선한 이웃이 없는 때였습니다.

마태복음 23장을 보면, 예수님의 저주가 일곱 번씩이나 거듭 선포되고 있습니다. 15절, 16절, 23절, 25절, 27절, 28절, 29절은 모두 "화 있을진저, 외식하는 바리새인들과 서기관들이여"로 시작합니다. 23절은 "화 있을진저 외식하는 서기관들과 바리새인들이여 너희가 박하와 회향과 근채의 십일조를 드리되 율법의 더 중한 바 의(義)와 인(仁)과 신(信)은 버렸도다 그러나 이것도 행하고 저것도 버리지 말아야 할지니라"라고 말씀합니다.

레위기 27장에 의하면, 땅의 소산의 십일조로 곡식과 과실, 포도주와 기름의 십 분의 일을 바치도록 되어 있습니다. 그런데 당시 이스라엘의 종교 지도자 자리에 앉아 있던 바리새인과 서기관들은 여기에 해당하지도 않는, 텃밭의 푸성귀 같은 박하와 회향과 근채 같은 것의 십일조까지 내고서 외식하며, 백성들을 장로의 유전에 얽매이게 하고 괴롭혔습니다. 그들에게는 백성을 향한 의(義)가 없었고 인(仁)이 없었으며, 또한 신(信)이 없었습니다.

예수님은 이러한 무정하고 도도하고 무법하고 이기적인 이들과, 또 그와 반대로 가난하고 병들고, 무엇을 먹을까 무엇을 입을까 염려하고, 억울하게 수탈당하고 있는 모든 계층의 이스라엘 백성에게 회개를 외치고, 그들이 마땅히 누리고 살아야 할 복에 대하여 가르치십니다. 이것이 예수님이 사역 초기에 말씀하신 산상수훈의 첫머리에 나오는 팔복(마 5:3-12)입니다.

① 심령이 가난한 자는 복이 있나니 천국이 그들의 것임이요

② 애통하는 자는 복이 있나니 그들이 위로를 받을 것임이요

③ 온유한 자는 복이 있나니 그들이 땅을 기업으로 받을 것임이요

④ 의에 주리고 목마른 자는 복이 있나니 그들이 배부를 것임이요

⑤ 긍휼히 여기는 자는 복이 있나니 그들이 긍휼히 여김을 받을 것임이요

⑥ 마음이 청결한 자는 복이 있나니 그들이 하나님을 볼 것임이요

⑦ 화평하게 하는 자는 복이 있나니 그들이 하나님의 아들이라 일컬음을 받을 것임이요

⑧ 의를 위하여 박해를 받은 자는 복이 있나니 천국이 그들의 것임이라

⑨ 나로 말미암아 너희를 욕하고 박해하고 거짓으로 너희를 거슬러 모든 악한 말을 할 때에는 너희에게 복이 있나니 기뻐하고 즐거워하라 하늘에서 너희의 상이 큼이라 너희 전에 있던 선지자들도 이같이 박해하였느니라

실질적으로는 아홉 가지 복인 이 말씀들은 구원의 주(主)요 평강의 왕으로 오신 예수님께서 가르치신 복에 대한 말씀입니다. 이스라엘 백성들은 암울한 세상에서 가난에 시달리고 율법의 유전에 억눌리며, 세리에게 수탈당하고 부자들에게 외면당하면서, 자기들도 자색 옷과 가는 베옷과 호화로이 열락하는 복을 누리기를 바랐습니다. 동시에 메시아의 도래를 간절히 기다리고 있었습니다. 그와 반대로, 바리새인과 서기관들은 율법과 율법의 유전으로 외식하며 높은 자리에 앉아 있었고, 부자들은 자색 옷과 가는 베옷을 입고 매일 호화로이 열락하였으며, 세리는 로마 세력에 빌붙어 치부하였습니다. 이 모든 이들에게 예수님이 가르치신, 복에 대한 말씀입니다.

예수님이 택한 백성 이스라엘을 향하여 복에 대하여 하신 말씀 중에는, 아무리 눈을 크게 뜨고 살펴보아도 자색 옷을 입고 먹고

마시고 환락하며 권력의 세도를 부리는 복, 즉 세상 사람들이 바라는 것과 같은 복은 없습니다. 당시 자색 옷과 가는 베옷을 입고 날마다 호화로이 열락하는 부자와 권세가들은, "그것이 너희가 누릴 복은 아니다"라는 복에 대한 예수님의 가르침에 고뇌스러운 찔림을 받았을 것입니다. 반대로, 가난하고 억눌리고 멸시당하고 외면당하면서, 속으로는 부자와 권세가가 되기를 바라던 서민들의 기대에도 어긋났을지 모릅니다.

그러나 예수님이 가르치신 복은 심령이 가난하고 애통하는 것이며, 온유하고 의에 주리고 목마르며, 긍휼히 여기고, 마음의 청결과 화평과 의를 위하여 핍박을 받는 것입니다. 재물과 명예, 권세와 안일, 열락과 성공을 소망하는 사람들이 바라는 그러한 복이 아니었으며, 그들의 마음에 썩 내키는 것들도 아니었습니다.

그러고 보면, 하늘나라 시민의 가치관과 세상 사람들의 가치관이 얼마나 다른지를 새삼스럽게 깨달아 알 수 있습니다. 거듭나서 소망 가운데 살며 영생을 추구하는 그리스도인들도, 세상에서 사는 동안 누리기를 바라는 복은 부와 명예와 안일과 공명과 권세입니다. 그러나 예수님은 그러한 복을 가르치지 않으셨습니다. 심령이 가난하고 애통하며, 마음이 온유하고 의에 주리고 목마르며, 마음이 청결하고 화평하며, 의를 위하여 핍박을 받는 복을 누리며 살라고 가르치면서, 13절에 가서는 '너희는 세상의 소금'이라고 말씀하십니다. "너희는 세상의 소금이니 소금이 만일 그 맛을 잃으면 무엇으로 짜게 하리요 … 다만 밖에 버려져 사람에게 밟힐 뿐이니라."

예수님은 우리에게 무엇을 바라시며, 또 소금이 무엇이기에 우리를 세상의 소금이라고 비유하여 말씀하시는 것일까요? 상식적으로 소금은 녹아 없어지면서 부패를 방지하고 음식에 맛을 내는 줄로 우리는 알고 있습니다. 소금은 다이아몬드나 크리스털처럼 빛나지 않고 아름다운 모양도 없으며, 혀에 갖다 대 보아도 짜기만 하지 맛이 나는 물질도 아닙니다. 그러나 분명 음식물의 부패와 변질을 방지하고 음식에 맛을 냅니다. 참 묘(妙)한 것입니다.

구약에서 민수기 18장 19절, 역대하 13장 5절을 보면 하나님의 약속을 '소금 언약'이라 하였는데, 이는 변치 않는다는 뜻이요, 우리가 그 언약대로 세상을 살면 그 나라와 시대는 변치 않고 살 맛 나는 세상, 살 가치가 있는 아름다운 세상이 된다는 뜻입니다.

우리는 세상의 소금입니다. 소금이 모양이 없는 것처럼, 우리는 배운 것이 없고 가진 것도 없으며, 세상에 자랑이 될 만한 명예와 명성도 없습니다. 그러나 소금이 녹아 없어져 음식에 맛을 내고 변하지 않게 하는 것과 같이, 우리가 그 모임과 사회와 교회와 공동체에 들어가 자기 자신을 부인하고 자기 몫의 십자가를 지고 주님의 말씀을 따를 때, 그 공동체는 타락하지 않고 변질하지 않을 것입니다. 그리하여 밝고 명랑한, 아름답고 재미나는 공동체가 될 것입니다.

어느 날 저녁에 한아름마켓에 간 일이 있습니다. 손자 아이가 차 안에서 잠들어 있었기 때문에, 저는 차 안에 남아서 식품점 안의 풍경을 상상해 보았습니다. 제일 화려하고 붐비는 곳은 싱싱한 채소와 과일 코너였습니다. 양식의 기본이 되는 쌀과 맛의 기본이 되는 소금이 있는 곳은 발길이 뜸했습니다. 그러나 채소나 과일은 살 수도 있고 안 살 수도 있지만, 쌀과 소금은 떨어지면 반드시 사야 합니다. 우리는 저 소금처럼 모양도 없고 보잘 것도 없는 존재이지만, 사회에 반드시 필요한 존재가 되라는 것입니다.

성경은 이러한 소금이 "만일 그 맛을 잃으면 무엇으로 짜게 하리요 밖에 버려져 사람에게 밟힐 뿐이니라"라고 말합니다. 여기에서 하나의 질문을 발견하시기 바랍니다. 소금이면 소금이지, 소금이 맛을 잃을 수도 있는 것입니까? 소금이 있으면 있고 없으면 없는 것이지 맛을 잃은 소금이 어디에 있으며, 또 그게 어떻게 사람의 발에 밟힌다는 말입니까?

오늘날 우리는 식품점이나 슈퍼마켓에 가면 필요한 대로 소금을 살 수 있습니다. 김장용 소금, 맛소금, 가는소금, 굵은소금 등, 필요에 따라 소금을 사다가 사용합니다. 그러나 제염(製鹽) 기술이 발달되지 않았던 예수님 당시는 사해(死海)에 가서 소금 덩어리를 주워 사용하곤 했습니다. 그 소금을 다 쓰고 나면 맨 나중에 소금이 붙어 있던 돌멩이가 남습니다. 소금을 다 쓰고 남은 이 돌덩어리를 밖에 내버리면 사람들이 밟고 지나갔습니다. 당시의 맛을 잃은 소금이란 이러한 소금이었습니다.

여기에서 말하는 소금은 곧 신앙을 뜻합니다. 우리에게 신앙이 없다면, 우리는 육체만 남아 세상에 버려지고, 사람들로부터 외면 당하고 밟힐 것입니다. 하나님이 가르치신 복을 따라 사는 사람은 세상의 소금입니다. 이러한 사람이 세상에 있으면 그 사회와 나라는 부패하지 않고 타락하지 않으며, 정의롭고 참되고 사랑이 넘치는, 땅 위에 이루어지는 천국을 만듭니다.

예수님은 또한 이러한 사람들을 '세상의 빛'이라고 부릅니다. 예수님은 소금으로서 자기를 부인하고 사는 사람들이 사라지고 마는 것이 아니라 세상의 빛이 되기를 원하십니다. 세상의 빛으로 오신(요 8:12, 12:46, 3:19) 예수님이 근원적인 빛이신데, 빛이신 예수님은 우리가 예수님의 빛을 받아 세상을 밝히는 또 하나의 등불이 되기를 원하십니다. "너희가 빛이 된다면 산 위에 있는 동네가 숨겨지지 못하리라." 빛이 되어서 어두운 곳을 밝히고, 낮은 골짜기뿐만 아니라 높은 산 위에까지라도 죄와 거짓된 것들을 숨기지 못하도록 밝혀야 한다는 것입니다. 그러니 등불을 켜서 발 아래 두지 않고 등경 위, 곧 높은 곳에 두어야 한다고 말씀하십니다.

불은 어두운 곳을 비추어 밝히기 위하여 켜는 것인데, 어찌하여 등불을 발 아래 둔다고 했을까요? 등불을 켜서 발 아래 두는 것은 어리석은 행동입니다. 그런데 어리석지 않은 사람이 등불을 켜서 발 아래 두었다면 그럴 만한 이유가 있을 것입니다. 불을 켜기는

언제나 예수 그리스도에게 소망을 두고서 말씀을 묵상한 주진경 목사.

하였으나, 불이 약하거나 바람이 세게 불면 꺼질 염려가 있기 때문입니다.

어떤 사람이 길을 가다 멈추고, 호주머니에서 담배를 꺼내 입에 물고 성냥을 탁 긋더니, 두 손바닥을 오므리고 성냥불을 가렸습니다. 담배에 불을 붙이기 전에 성냥불이 꺼지려 했기 때문입니다. 그런데 또 다른 사람이 지나가다 담배를 입에 물었는데, 이번에는 가스라이터를 꺼내 척 누르니까 기다란 불길이 솟아나, 한손으로 담배에 불을 붙이고 유유히 지나갔습니다. 이것은 기름에 담근 심지에 쉽게 불을 붙여 빛을 내는 등불의 이치와 비슷합니다. 등불은 기름이 있어야 켜집니다. 그 연료가 되는 기름이 좋을수록 불이 잘 붙고 꺼지지 않으며, 밝기도 더 밝습니다.

우리가 세상의 등불로서 켜지려면 기름이 필요합니다. 그 기름이 곧 예수님이 가르치신 복을 따라 내가 소금처럼 사라져 없어지는 삶을 사는 것이고, 그럴 때 그 삶이 등불의 기름이 되어서 등불을 켭니다. 내가 세상의 소금처럼 녹아 없어져 기름이 되어, 불을 켜서 빛을 발하고 어두운 세상을 밝히게 되는 것입니다. 이렇게 밝혀진 빛은 빨리 진행합니다. 진리를 알았다면 멈추어선 안 된다는 뜻입니다. 신속히 실천하고 이행해야 합니다. 빛은 구부러짐이 없기 때문입니다. 진리가 굽혀지면, 그것은 이미 진리가 아닙니다. 빛이 장애물에 부딪히면 굴절하여 다른 방향을 찾아 다시 직선으로 진행하지, 장애물을 피하여 구부러지는 법은 없습니다. 진리에 타협이 있어서는 안 된다는 것을 말합니다.

빛은 앞으로 뻗어 나가는 것입니다. 어두움을 향하여 펼쳐 나가는 것입니다. 그 빛은 진리요, 빛이 뻗쳐 나간다는 것은 진리의 전파와 확산을 뜻합니다. 비진리와 불의와 죄악은 빛의 방향을 거슬러 올라갑니다. 빛이 뻗쳐 가는 방향을 거슬러 올라가면, 거기에는 열이 있습니다. 그 열은 빛에 뛰어드는 모든 것을 불태워 버립니다. 빛, 즉 진리에 순응하지 않고 빛을 거슬러 가면, 거기에는 진리를 거스르는 모든 불의와 죄와 거짓과 비진리를 심판하는 불의 심판대가 있습니다. 빛의 궁극은 모든 비진리와 죄와 거짓과 모순된 것을 태워 버리는 심판의 자리입니다.

죄악된 세상의 구주로 오셨고, 장차 심판주로 오실 빛이신 주님은, 마태복음 5장 16절에서 우리로 하여금 하나님이 가르쳐 예비하신 복을 따라 살게 하십니다. 세상의 소금이 되어 하나님이 조성하신 좋은 세상을 보전하고, 빛이 되어 세상을 밝혀 거룩하게 하는 삶을 살라고 하십니다. 그것이 착한 행실이며, 그 착한 행실이 하나님께 영광을 돌리게 된다고 말씀하십니다.

우리는 주변에서 '빛과 소금'이라는 제목의 말을 종종 듣습니다. 책 이름도 그렇고 교회 이름도 그러하며, 대화 도중에도 빛과 소금이라고 말할 때도 많이 있습니다. 이 말은 성경에서 유래된 말이지 세상의 누가 지어낸 말은 아닌 것으로 압니다. '빛과 소금'이라고 하는 편이 말하기가 편리합니다만, 성경에서 예수님이 가르치신 순서대로 '소금과 빛'이라고 말하는 편이 더 깊은 의미에 도달할 수 있습니다.

하나님께 영광을 돌리는 일은 잘 짜인 프로그램에 따르고 찬란하고 빛나는 장식이 된 교회에서 웅장한 오케스트라 성가로 찬양하며 '주여' 삼창을 외쳐 부르는 것이 아닙니다. 정녕 소금과 빛이 되어 우리의 몸을 의(義)의 병기로 드리고 산 제사를 드릴 때, 하나님은 이것을 착한 행실이라고 하며 기뻐하십니다. 그것이 하나님의 영광을 드러내는 것입니다.

이사야 53장은 장차 메시아로 오실 예수님에 대하여 이렇게 기록하고 있습니다.

그는 주 앞에서 자라나기를 연한 순 같고 마른 땅에서 나온 뿌리 같아서 고운 모양도 없고 풍채도 없은즉 우리가 보기에 흠모할 만한 아름다운 것이 없도다 _사 53:2

예수님은 가난한 목수의 집에서 태어났고, 허름한 우물가의 나그네였으며, 머리 둘 곳도 없었으며, 가말리엘에게서 배운 바도 없었습니다. 소금처럼 볼품 없었고, 마침내 장로들의 하솔들에게 잡혀가고 말았습니다. 그러나 그분은 소금처럼 철두철미하게 세상에서 자기를 부인하고, 십자가에 못 박혀 땅에 묻혔다가, 부활하여 하늘에 올라 높은 보좌의 등경 위에서 영광의 찬란한 빛을 발하사 세상을 밝혔습니다. 모름지기 예수 그리스도를 영접하고, 신앙을 고백하고 영원한 소망을 간직한 그리스도인들은 세상의 소금과 빛으로 하나님께 영광을 돌리는 삶을 살아야 할 것입니다.

상념의 달, 6월

6월이 벌써 중순을 지나고 있다. 신록의 계절 6월은 만물의 성장과 활동이 가장 왕성하며 상쾌한 희망의 달이기도 하다. 푸르른 신선함과 부드러움과 풍성함은 어느 달보다 우리 마음을 흡족하게 한다. 그러나 계절적으로 6월이 아무리 흔쾌(欣快)한 달이라 해도, 우리 한민족에게는 고뇌스러운 달일 수밖에 없다. 일제 치하에서 나라와 민족의 자주독립을 위하여 외친 6·10 만세 운동, 6·3 독재 정치 비리에 대한 고뇌, 동족끼리 서로 죽이기를 마지않았던 동족상잔의 6·25, 그런가 하면 나라를 위하여 목숨을 바친 순국열사의 영령을 기리는 6·6 현충일, 잊었다가도 순절(殉節)한 가족들의 생각에 다시 눈물짓는 날들이 모두 6월에 있다.

자고로 한 나라의 불행과 고통은 백성들의 무자각에도 이유가 있지만, 거의가 지도자들의 잘못 때문이다. 나라가 망하고 전쟁의 참화에 휩쓸려 민생이 도탄에 빠지며 악순환이 되풀이되어도, 그 시대를 주도했던 지도자들에게는 마음을 찢는 참회와 회개가 없었다. 우리나라가 해방이 되고 6·25 전쟁을 겪고, 혹심한 정치적인 격동과 독재와 빈곤을 겪고, 국토의 분단에서 오는 환난의 시련을 겪으면서도 이만큼 민주화가 되고 경제가 부흥하여 잘살게 되었다는 것은, 어느 지도자가 잘해서가 아니라 오로지 하나님이 희년적인 은총을 베푸신 은덕이라고밖에 달리 말할 수 없다.

6월은 우리 한국인들이 신(信), 불신(不信) 간에 모름지기 우리 민족이 걸어온 고난과 슬픈 역사의 궤적(軌跡)을 돌이켜 보면서, 이 은덕을 마음에 새기고 옷깃을 여미며 자숙해야 할 때이다. 그리고 국가와 민족을 위하여 못다 한 충의(忠義)를 다하도록 새로이 결의하고 다짐해야 할 때이다.

회개하는 지도자가 없는 나라의 백성들은 불쌍하고 불행하며, 지도자가 겸손하고 매사에 신중하여 회개하기를 게을리하지 않는 나라의 백성들은 복되다 할 것이다.

구약성서의 요나서에 나오는 이방 도시 니느웨는 복 받은 도성이었다. 니느웨는 그 행악과 범죄가 관영하여 하나님이 멸하기로 작정하신 도성이었다. 그러나 멸망이 예고되었던 이 죄악의 도성은 한 선지자가 회개함으로 멸망에서 구원을 받는 은총을 입었다.

하나님께서는 니느웨 성을 구원하시고자, 요나 선지자에게 니

느웨에 가서 멸망을 경고하고 회개를 촉구하라는 명령을 내리셨다. 즉, 선교 명령을 내리신 것이다. 이 명령을 받은 요나는 마땅히 니느웨로 갔어야 할 것을, 하나님의 뜻을 따르지 않고 자기 뜻대로 다시스 성으로 갔다. 이 부분을 우리는 단순히 장소와 위치 개념으로만 이해하지 말고, 명령자의 뜻과 수명자(受命者)의 뜻이 같은 궤도를 가고 있는가에 유념해야 할 일이다.

오늘날 이 땅에, 특히 한국에 보내진 현대의 선지자들은 시대성(時代性)을 좇아가고 있는 많은 교회들의 목회 방향이 과연 하나님의 뜻을 향해 있는가, 아니면 목회 비전이라고 하는 한 목사 개인의 야망과 포부를 향해 있는가를 살펴야 할 것이다.

자기 뜻을 따라가던 요나는 풍랑을 만나 사경(死境)에서 회개하고, 방향을 돌이켜 니느웨로 가서 40일이라는 시한부 회개를 촉구하고 멸망을 경고하였다. 그럴 때 니느웨 성은 왕을 비롯하여 모든 백성이 회개함으로 멸망 직전에 구원을 받고, 200년간의 평화를 누렸다.

선지자 요나가 회개하고 니느웨 성으로 가서 회개를 외치지 않았더라면 니느웨 성의 왕이 회개하였겠으며, 그 성(城)의 왕이 회개하지 않았더라면 그를 따르는 백성들이 회개하였을 것인가? 그 성의 왕은 스스로 왕관과 왕복을 벗고, 베옷을 입고 왕좌에서 내려와 재(灾) 위에 앉고, 모든 백성도 회개하라고 명령을 내려 전국적인 회개 운동이 일어났다. 그로 인해 하나님으로부터 긍휼의 은총을 입었다.

우리 한국의 교회 지도자들은 요나 선지자의 회개를 배워야 하며, 군왕과 백성의 지도자들은 정상에서 말단 저선(底線)에 이르기까지 니느웨 성의 왕과 그 백성들의 정신을 배워야 할 것이다. 이제는 한국의 교계와 나라가 역사적인 흥망에서 필연의 함수 관계가 있다고 생각하고 각자의 몫을 감당해야 할 것이다.

우리 민족이 걸어온 불행한 고난의 역사에서, 시대와 시대에서 이날까지 회개가 없었던 것에 대해 우리는 눈을 떠야 한다. 나라를 빼앗겼어도 국민적 회개가 없었고, 조국이 해방되었어도 심연(深淵)으로부터의 감사와 회개하는 양심이 없었다. 동족상잔으로 반도 강산이 피로 물들어도 가슴을 치는 애통함과 회개가 없었다.

국민과 백성이 억압에 시달리고 공포에 떨며 암울한 나날을 보내도 지도자들의 회개가 없었고, 그들의 회개를 이끌어낼 영적 지도자들의 모본과 회개도 없었다.

국가 권력이나 금력에 영합하는 자는 있었으나, 자기의 선지자적 양심에 따른 불의와 비리를 질책하는 '나단'이 없고, 나라와 백성을 위하여 눈물 흘리는 '예레미야'도 없으며, '요나'와 같이 회개하는 영적 지도자도 없다. 군왕의 지표가 될, 생명을 건 영적 지도자가 없었다. 오히려 연약한 민초들이 고난과 고통의 세월 속에 있는 동안, 교회의 지도자들은 높은 자리의 방석과 편안한 곳을 찾아다니기에 분요했다고 하면 지나친 말일지도 모른다. 그러나 다윗 왕을 질책한 나단과 같지 못했다는 것은 분명히 자인해야 할 것이다. 덩치만 컸지, 불의를 지적하고 의를 표방하는 능력은 없었다. 그러면서도 교회의 울타리 안에서 가르친다는 것이 '경건의 모양은 있으나 경건의 능력은 부인하도다'가 고작이었다.

우리나라를 통일되고 잘살고 고상한 나라로 만들어가기 위해서는, 다가오는 고난과 시련이 그리스도인으로서 감당해야 할 몫인 줄을 이제는 명심하고 실행해 나가야 할 것이다. 회개 운동과 각성 운동을 어느 한구석에서 눈치 보며 소곤소곤하듯 할 것이 아니라, 시골의 삼척동자라도 알 수 있도록 당당하게 소리 높여 외치고 펼쳐, 이 상념(傷念)의 6월을 맞는 마음이 상념(祥念)의 6월을 맞는 마음으로 바뀌기를 바란다.

이심전심(以心傳心)이라면 조금 유치한 표현일까! 그래도 하나님을 믿는다고 하는 사람들이 나라를 위한다고 베옷을 입고 금식하며 재 위에서 무릎 꿇고서 울고불고 한다면, 다른 모든 백성들도 덩달아 따라서 무릎 꿇고 울지 않을까 싶다. 마치 창조 이전의 땅, 곧 혼돈하고 흑암이 깊음 위에 있던 그때처럼 어두운, 의(義)와 불의(不義)를 분별할 수 없는 그 반도 지역에 하나님의 의가 나타나고 능력의 손길이 나타나도록, 신(信), 불신(不信) 간에 국민 모두가 나라를 위해 무릎 꿇고 눈물을 흘린다면 어떻게 될까? 우리 모두의 망막이 흐려져 물체를 볼 수 없을지라도, 두 쪽 난 반도 강산의 하나의 지도 위에. 선명하고 거대한 하나의 태극기가 휘날려 보일 것이다.

6월은 평화의 달로…!

통일된 그 땅, 반도 한국이여! 나의 조국이여…!

- 뉴저지에서, 주진경

빚에 대하여

우리 인간들은 세상을 살아가는 동안 대부분 어쩔 수 없이 빚을 진다. 더구나 오늘날은 신용 제도와 융자 제도가 발달하여 가옥이나 자동차를 사거나 학자금을 마련할 때도 모두 빚을 얻어서 충당한다. 이런 것을 보면, 거의 모든 사람이 다 빚을 지고 산다고 하여도 과언이 아닐 것이다.

'빚'이란 무엇인가? 한글학자 이희승 박사가 펴낸 4,500페이지가 넘는 민중서관의 국어대사전을 펼쳐 보면, 빚에 대하여 다음과 같이 간단히 설명되어 있다. "남에게 갚아야 할 돈, 꾸어 쓴 돈이나 외상값 같은 것, 부채(負債)." 그러나 빚은 물질적인 것만 말하지는 않는다. 빚이란 나로 인하여 남(他人)에게 물심양면의 자산(資産, Asset)에 감량(減量)을 초래한 손분(損分)이며, 내가 꼭 갚아야 할 몫을 말한다.

주님이 가르치신 기도문 가운데 "우리가 우리에게 죄지은 자를 사하여 준 것같이 우리 죄를 사하여 주시옵고"(마 6:12)라는 구절이 있다. 여기에서 한글 성경에 '죄'(sin)라고 번역된 단어가 영어 성경에는 '빚'(debt)이라고 번역되어 있다. 헬라어 원어 성경에는 이 단어가 '오페일레마'(ὀφείλημα)이다. 이 단어는 '빚'이라는 뜻도 있고 '죄'라는 뜻도 있다. 어떻게 하나의 단어가 빚도 되고 죄도 된다는 것일까?

사도 바울은 로마서 13장 8절에서 "피차 사랑의 빚 외에는 아무에게든지 아무 빚도 지지 말라"고 말하였으나, 인간이 세상을 살아가면서 빚을 전혀 아니 질 수 없는 경우가 허다하다. 더구나 오늘날의 신용 제도나 융자 제도 같은 것이 오히려 빚을 장려하는 세풍(世風)이고 보면, 빚이란 것이 악한 필요인지 아니면 필요한 악인지 분별이 어려운 형편이다.

어떻든 간에, 이같은 세상을 살아가면서 빚을 지고 상대방이 믿어 준 대로 그 빚을 갚으면, 그것은 아름다운 삶의 한 지혜요 미덕일 수 있다. 그러나 고의적(故意的)이었든 아니면 불가피한 형편에서였든, 그 빚을 갚지 못했을 경우에는 그것이 죄가 된다. 남의 귀한 돈을 빌려 쓰고서 갚지 않거나 못 갚으면 재판에 회부되고, 심하면 감옥살이도 하게 되며, 그러다 빚 때문에 가정이 파탄나기도 한다. 죄의 삯은 사망이라는 말씀이 여기에도 예외는 아니다.

그러므로 인간은 세상살이에 빚지지 않는 지혜가 있어야 한다. 빚을 갚지 못하면 그것이 결국 죄가 되고, 그로 인한 처벌을 면할 길이 없다. 빚을 준 자(債權者)가 자비(慈悲)를 베풀어 그 빚을 탕감해 주거나, 아니면 누군가가 그 빚을 대신 갚아 주기 전에는 빚진 자(債務者)가 살길이 없다.

마태복음 18장 23-35절은 빚에 관한 이야기이다. 한 사람이 많은 빚을 졌으나 갚지 못해 죽게 되었다. 그러나 빚 준 자(債權者)의 은총에 의하여 그 빚을 탕감받았다. 그런데 이 놀라운 은총을 입은 빚진 자(債務者)가 배은망덕하게 행동하여 다시 빚진 죄인의 자리에 전락해 버린 기복(起伏)에 대해 말씀하고 있다.

한 임금이 자신에게 많은 빚을 지고서도 갚지 않는 종을 불러 빚을 독촉하기에 이르렀다. 임금이 말하기를 "너의 몸과 아내와 자식들과 모든 소유를 다 팔아 빚을 갚으라"고 하였다. 이렇게 빚을 갚으라는 임금의 말은 곧 빚을 갚지 못한 종의 파멸을 뜻한다. 빚을 갚기 위하여 자신의 몸을 팔고, 그 아내와 자식들 그리고 다른 모든 소유까지 팔아 버리면, 그 인생이 파멸을 맞이할 수밖에 없다.

이때 그 종의 대답이 중요하다. "상전(上典)이여, 제 몸과 아내와 자식들과 그 밖의 모든 것을 다 팔아서 빚을 갚는다면, 저는 파멸입니다. 저는 죽습니다. 그러니 조금만 더 봐주십시오"라며 빚 갚기를 유보해 달라고 요청했다면, 이제까지 그를 기다리며 아량을 보였던 그 상전은 더 이상 온정을 베풀지 않았을 것이다.

그러나 그 종은 그렇게 말하지 않았다. 그는 "네, 내게 참으소서 (이제까지 못 갚은 것을 용서하소서). 이제는 제 몸과 아내와 자식들 그리고 모든 소유를 다 팔아서라도 빚을 갚겠나이다"라고 했다. 자기 채무에 대한 몰아적(沒我的)인 책임의식을 고백한 것이다. 빚을 못 갚은 대신 죽기라도 하겠다는 것이다. 놀랍게도 주인이 이 고백을 듣고 가상히 여겨 일만 달란트나 되는 빚을 탕감해 줌으로, 그 빚진 종은 빚으로 인한 죄에서 해방이 되고 자유인이 되었다. 그 막대한 손분(損分)을 주인이 감내한 것이다.

그런데 일만 '달란트'나 탕감 받았던 종이, 자기는 그 많은 빚을 탕감받았으면서 그 돈의 만분의 일도 안 되는 백 '데나리온'(1달란트=6,000데나리온)의 빚을 받아내기 위해 자기에게 빚진 동료를 감옥에 가두어 버렸다. 이 소식을 들은 임금이 그 패역한 종을 불러 탕감해 주었던 빚의 죄를 다시 물었다.

마태복음 6장 14-15절의 "너희가 사람의 잘못을 용서하면 너희 하늘 아버지께서도 너희 잘못을 용서하시려니와 너희가 사람의 잘못을 용서하지 아니하면 너희 아버지께서도 너희 잘못을 용서하지 아니하시리라"는 말씀은 이미 주님의 용서를 받은 자들에게 하신 것이다. 우리는 이 말씀의 뜻을 마음에 깊이 새겨야 할 것이다. 앞서 말했던 마태복음 6장 12절의 "우리가 우리에게 죄지은 자를 사하여 준 것같이 우리 죄를 사하여 주시옵고"는 바로 여기에 해당하는 가르침이다.

인간 세상에는 물질적인 빚만 있는 것이 아니라 영적이고 정신적인 빚도 있다. 물질적인 빚은 최종적으로 자기 몸과 아내와 자식들 그리고 자기의 모든 소유를 다 팔아서라도, 즉 나의 파멸의 대가로라도 보상의 대사(代射)를 할 수 있다. 그러나 영적이고 정신적인 빚은 갚을 도리가 없다. 내가 나의 실수나 과실로 남의 눈 하나를 실명하게 하여 '눈에는 눈, 이에는 이'라는 율법의 정신으로 내 눈 하나를 뽑아 준다 한들, 그 빚이 갚아지는 것은 아니다. 내가 남의 팔 하나를 부러뜨리게 한 연고로 내 팔 하나를 잘라준다고 해서 그 빚이 갚아지는 것이 아니다. 다만 손해 입은 자의 용서만이 그 빚을 탕감 받을 수 있는 길이다.

그렇다면 내가 남에게 입은 은총과 은혜를 다시 타인에게 끼쳐 나누는 선한 마음은 당연히 있어야 할 일이다. 주님이 가르치신 기도문의 "우리가 우리에게 죄지은 자를 사하여 준 것같이 우리 죄를 사하여 주시옵고"라고 한 것은, 이와 같이 갚지 못하여 죄가 되는 빚을 용서하여 달라는 것이다. 빚은 탕감하는 것인데, '탕감' (cancel)이란 말을 쓰지 않고 '용서'(forgive)라는 단어를 사용한 것은 이러한 의미에서다.

우리는 하나님에 대하여 많은 빚이 있다. 우리가 누리는 생명에 대한 빚이 있고, 하나님이 지어서 우리에게 주신 만물에 대한 빚이 있다. 예수님은 우리에게 몸을 주셨는데, 우리가 그를 믿지 않은 불신의 빚이 있고, 그를 십자가에 못 박은 빚이 있으며, 그의 참되고 의로운 가르침을 따라 행하지 아니한 빚이 있다. 주님이 주신 소망을 외면하고, 이웃 사랑(요 13:34)과 내가 받은 은혜를 이웃에 전하는(마 28:19-20, 전도) 일도 외면하여, 그 은혜를 헛되이 한 빚이 있다. 이러한 모든 것은 내가 하나님께 끼친 손분(損分)이요, 내가 도저히 갚을 수 없는 빚이다. 우리가 이것들을 다 수납하고 내 몸에 채우지 못하는 이상, 우리에게는 죄일 수밖에 없다.

그러므로 우리는 이러한 빚에 대한 죄를 탕감(용서, forgive)하여 달라고 기도로 고백해야 한다. 가장 큰 빚, 우리를 구원하신 은혜의 빚에 대한 갚음의 응답으로써 이웃을 사랑해야 한다(새 계명, 요 13:34). 한편으로 내가 받은 구원의 은혜를 이웃에게 전하는 일, 즉 전도하는 일(마 28:19-20)은 빚을 탕감받은 자가 가야 할 당연한 길이고, 신앙인의 마지막 사명이며 인격이다.

우리가 주님께 진 빚, 도저히 갚을 수 없는 그 빚을 갚는 길은, 곧 주님이 십자가에서 고난당하시기 바로 전에 주신 새 계명(사랑의 계명)과, 부활하사 승천하시기 바로 전에 내리신 사랑의 실천 명령을 행하는 것이다.

사랑에 대하여

사랑을 말할 때 헬라 사상으로는 몇 가지로 구분하여 말하는 듯하다. 남녀 간의 육적이고 감각적인 감정에서 우러나는 애정(eros)이 있고, 가족과 혈족에 대한 자연적인 사랑(storge)이 있다. 또 친구와 이웃에 대한 우정의 사랑(philia)이 있다. 그리고 무엇이라고 측량할 수도 없고, 조건도 없고 한계도 없는 사랑, 곧 아가페(agape, 자기희생, 자기 헌신, self sacrifice, self devotion) 사랑이 있다. 사랑을 이런 식으로 구분하고 분류한다면, 고린도전서 13장에 기록된 사랑은 어느 쪽으로 분류될 것인가?

사랑의 본원(本源)은 하나님이시다. '하나님은 사랑이시니라'(요일 4:8, 16; 고후 13:11). 사랑의 본원이 하나님이신 것은 만물을 지으신 하나님이 사랑이시기 때문이다. 남녀 간의 육적이고 감각적인 사랑을 왜 추하고 저속한 것으로만 여기는가? 남녀 간의 감각적인 사랑이라도 그 근원은 하나님의 사랑이다. 그것은 하나님께서 아담과 하와에게 주신 사랑의 한 선한 요소였다. 그러던 것이 인간의 타락한 성품에 의하여 남용되고 악용되어 에로스(eros)라고 표현된 것이다. 육적인 애정 관계에서도 서로의 사랑 까닭에 사랑하는 사람을 위하여 소중한 생명을 내던지기도 하는 것을 보면, 그 정신은 하나님께로부터 온 것이 맞다.

남녀 간의 사랑, 가족 간의 사랑, 친구와 이웃 간의 사랑이 모두 인식되는 차원의 차이이지, 어느 것이 선하고 어느 것이 악하며, 어느 것이 천하고 어느 것이 귀하고 고매하다고 구분되는 것은 아니다. 남녀 간의 사랑, 가족과 혈족끼리의 사랑, 친구와 이웃 간의 사랑 모두가 하나님께로부터 발원(發源)한다. 성경은 말한다. "하나님은 사랑이시니라(요일 4:16)."

사랑장이라고 알려진 고린도전서 13장은 '하나님은 사랑'이라는 원론에 대한 각론이라고 할 수 있다. 사랑은 오래 참고, 사랑은 온유하며, 시기하지 아니하고, 자랑하지 아니하며, 교만하지 아니하며, 무례히 행하지 아니하며, 자기의 유익을 구하지 아니하고, 성내지 아니하며, 악한 것을 생각하지 아니하며, 불의를 기뻐하지 아니하고, 진리와 함께 기뻐하고, 모든 것을 참으며, 모든 것을 믿으며, 모든 것을 바라며, 모든 것을 견디느니라. 사랑은 언제까지나 떨어지지 아니하되, 예언도 폐하고 방언도 그치고 지식도 폐하

사랑하는 손자와 다정하게 대화하는 할아버지.

리라….

　이 사랑은 인간 세상에서 펼쳐지는 선의(善意)와 호의(好意)의
극치요, 실천이 무망(無望)하리만큼 높은 수준의 자기 헌신과 희
생의 경지다. 도덕적 수련과 철학과 지식의 능(能)으로 실천될 수
있는 것이 아니다. 어찌 인간이 자신들의 노력과 능력으로 사랑의
본질이신 하나님의 사랑의 경지에 이를 수 있겠는가? 그러므로
성경은 사랑이 보다 큰 은사이며, 그 은사를 받으라고 가르치고
있다.

　그러나 사랑을 순수한 은사라고만 생각한다면, 인간의 성실과
신실 여부에 따라 그 은사를 발휘해도 좋고 발휘하지 않아도 좋

은, 선택적인 윤리적 덕목으로만 남을 수도 있다. 그러므로 은사를 어떤 형태의 능력을 발휘하기 위하여 받은 단순한 선물로만 여길 것이 아니라, 반드시 행하라고 위탁된 것이며 지켜져야 할 계명임을 깨달아야 한다. 위탁(commitment)은 내가 반드시 감당하고 실천해야 하는 사명인 동시에, 그 위탁이 위탁받은 나에게는 복이 된다.

모든 은사들 중에 가장 큰 사랑의 은사를 받고서도 사랑을 실천하지 않는다면 이 세상은 오늘날 이상으로 더 삭막해질 것이며, 산천과 초목은 물론 만물의 탄식이 더 커질 것이다. 예수님은 이제 곧 지게 될 십자가를 앞에 두고 제자들과의 만찬을 마치신 후, 새로운 계명을 주시며 "서로 사랑하라, 내가 너희를 사랑한 것같이 너희도 서로 사랑하라"(요 13:34)고 가르치셨다. "하나님이 이같이 우리를 사랑하셨은즉 우리도 서로 사랑하는 것이 마땅하도다"(요일 4:11). 참으로 사랑은 은사이면서 우리가 마땅히 행해야 할 계명이다.

인간은 얼마나 어리석고 우둔한 존재인가? 수학 공식이나 화학 방정식을 몰라서가 아니라, 물리화학의 이론(theory) 같은 것을 몰라서 미련하고 우둔한 것이 아니라, 하나님의 사랑에 둔감하여 어리석다는 것이다.

사랑의 본령(本領)을 거슬러 올라가면 그리스도의 십자가가 보이며, 그 십자가 앞에 설 때 내가 죄인인 것과 사랑이신 주님의 고난에 눈을 뜨게 된다. 죄로 말미암아 죽어 멸망할 수밖에 없었던 우리를 구원하시기 위하여 하나님 자신이 독생자라는 신분으로, 구원자 예수라는 세상 이름으로 이 땅에 오셔서 우리 죄의 삯을 대신 지는 고난을 체휼(體恤)하셨다(히 4:15). 죄 없으신 주께서 우리들의 죄 까닭에 우리가 받아야 할 고난을 받으시고, 우리가 반드시 죽어야 했을 죽음을 대신 당하셨다.

'사랑'을 양면으로 표현한다면, 그 한 면은 체휼(동정과 자비, 희생, 즉 주님이 지신 십자가)이요, 다른 한 면은 그 체휼을 의지하는 우리들의 믿음(응답과 헌신)이라고 할 수 있다. 인간 상호 간의 사랑이 아무리 크고 높다 할지라도 예수님의 그 지고한 사랑에 견줄 수는 없다.

호세아 4장 6절과 시편 49편 12절은 사랑이신 하나님에 대한 지식이 없는 자는 멸망하는 짐승과 같으며, 존귀에 처하나 장구하지 못한다고 말하고 있다. 그러므로 고린도전서 13장 13절의 말씀은 이러하다.

그런즉 믿음, 소망, 사랑, 이 세 가지는 항상 있을 것인데 그중의 제일은 사랑이라 _고전 13:13

사랑의 한계

하나님의 사랑은 모든 피조물의 근원이 된다. 세상 만물을 지으신 하나님이 사랑이시기 때문이다. 그러므로 모든 피조물의 존재는 하나님의 사랑에서 유래된다.

하나님께서 모든 것을 지으신 창조의 마지막 단계에서, 하나님은 하나님의 형상을 따라 사람을 지으시고, 그에게 하나님이 지으신 모든 것을 다스리도록 하셨다. 이것을 보면 하나님의 사랑이 인간에게 초점(焦點)이 맞추어져 있다는 것을 알 수 있다. 전능자 하나님의 창조는 그 의미가 단순한 사물(事物) 생성의 측면에 있지 않다. 하나님의 창조 이상에 따라 지으신 인간을 향한 하나님의 사랑의 발현인 것이다.

하나님이 천지를 창조하시던 때는 땅이 혼돈하고 공허하며 흑암이 깊은 상태였다. 땅이 혼돈하고 공허하며 흑암이 깊은 상태 이전에 이미 스스로 계셨던 하나님은 그 수면 위를 운행하고 계셨다. 즉, 창조가 필요 없던 무존재의 상태, 예를 들어 말하면 빛과 기타 모든 것이 필요하지 않던 상태에 이미 계셨다는 말이다. 그 하나님이 빛이 있으라 하시니 빛이 있었고, 보시기에 좋았다. 이렇게 첫째 날 빛의 창조에 이어 6일에 걸쳐 하나님이 만드신 모든 것이 하나님 보시기에 좋았다. 하나님이 지으신 모든 것이 하나님께서 보시기에 좋았다면, 하나님의 형상을 따라 지으신 인간들은 더할 나위 없이 좋았을 것이다.

하나님이 창조하신 모든 것은 하나님의 필요를 충당하기 위한 것이 아니라, 하나님이 지으신 인간을 위한 것임을 알 수 있다. 하나님께서는 인간이 거처하기에 부족함이 없도록 모든 것을 좋은 것으로 예비하시고, 창조의 마지막 순서에 하나님의 형상을 따라 인간을 지으셨다. 그리고 그 모든 것을 주어 다스리고 정복하도록 위탁하고 복을 내리셨으니, 이것이 곧 인간에 대한 하나님의 사랑이다. 이 하나님의 사랑에는 모든 것에서 부족함이 없었다.

하나님의 사랑은 전적으로 주는 사랑이었으며, 하나님의 형상이 훼손당할 것을 무릅쓰고 하나님의 형상까지 주셨다. 베푸는 사랑, 주는 사랑, 무릅쓰고 맡기는 사랑이었다. 거룩하고 의로우며 참된 사랑, 유일한 형상이 훼손될 위험 부담까지 무릅쓰고 모든 것을 맡겨 누리게 하는 사랑인 것이다. 창조 이전에 계셨던 하나님, 즉 빛을 초월하고, 하늘과 땅, 낮과 밤, 어둠과 광명을 초월하고 이미 스스로 계셨던 하나님께서 산천초목과 여러 종류의 짐승들을 오직 인간을 위하여 지으신 것을 생각하면 하나님의 지극하신 사랑을 알 수 있다.

그런데 인간은 얼마나 패역한가! 우리는 자기가 소유하고 있는 낡아빠진 자동차마저도 남에게 선뜻 빌려주지 못하는 마음 좁은 소유자들인 것을 깨닫지 못한다. 그 좋은 것들, 부족함 없이 모든 것을 받고도 무엇이 부족하여 하나님이 금하신 선악과를 따 먹었던 말인가! 이 한 가지를 지키지 못하여 불신앙과 불순종의 죄를 짓고 낙원을 상실한 인간들은 사망의 늪에 떨어지고 말았다.

그러나 하나님의 사랑은 이에 그치지 않고, 죄로 타락한 인생을 구원하여 회복시키고자 그의 독생자를 보내어 죄 없으신 목숨을 버리게 하시므로 우리를 사망에서 건져 구원하셨다. 그리고 십자가에 달리시기 바로 전에 "내가 너희를 사랑한 것같이 너희도 서로 사랑하라"고 가르치셨다. '내가 너희를 사랑한 것같이'가 얼마나 깊고 중요한 의미가 있는지를 마음과 뼈에 새겨야 할 것이다.

거룩하신 하나님께서 왜 이렇게까지 하시는지, 어리석은 우리는 그 사랑의 모순적 진리를 깨달을 수 없고 알 수도 없다. 우리는 그 사랑의 이유를 이성과 지성으로 밝혀 해답을 찾을 것이 아니라, 그 사랑을 믿는 것으로 해답을 얻어야 한다. 그래서 그 해답을 얻는 믿음이 중요하다.

이렇게 부족한 우리에게 주님이 하신 말씀이 "내가 너희를 사랑한 것같이 너희도 서로 사랑하라"이다. 하지만 우리가 어떻게 하나님이 우리에게 모든 것을 주신 것처럼 이웃에게 주며, 또 주님이 우리를 위하여 십자가에 못 박혀 죽으신 것처럼 이웃을 위하여 십자가에 못 박혀 죽으면서 그들을 사랑할 수 있단 말인가? 복으로 가득 채워졌던, 사람에게 부족함이 없던 에덴동산에서 '선악과는 따 먹지 말라' 하신 하나님의 말씀 한마디를 지키지 못하여 사망의 죄에 빠진 인간이, 어떻게 주님이 우리를 사랑하신 것같이 우리 이웃을 위하여 생명을 내어주면서 사랑할 수 있단 말인가! 한마디로 "아니요, 못합니다"이다. 그렇다면 우리를 사랑하사 구원하신 주님이 십자가에 달리시기 직전에 내리신 새 계명(사랑의 계명, 요 13:34)을 어길 수밖에 없는 것인가?

물론 자기 자신의 목숨을 바쳐 이웃을 구하는 살신성인(殺身成仁)의 경우가 없는 것은 아니다. 이같은 멸사이타(滅私利他)의 숭고한 사랑의 사람들을 적지 않게 볼 수 있다. 이같은 사랑이 보편화만 된다면, 각박한 인간 사회도 땅 위의 에덴으로 회복될 수도 있을 것이다.

성경은 하나님께서 주시고 베푸시고 스스로를 버려 행하신 사랑의 보편화를 바울을 통하여 가르쳐 준다. 이것이 우리에게 주신 능력 한계의 사랑이다. 이만큼만 해도 주님이 우리의 사랑을 인정해 주신다는 한계이다(Christian oblige).

고린도전서 13장은 보편적 사랑의 덕목 규범이다. 사랑을 위하여 우리의 목숨을 버리지는 못하여도 이것까지는 해야 한다는 한계 규범이다. 사랑은 오래 참고 온유하며, 시기하는 자가 되지 아니하며, 자랑하지 않으며 교만하지 않는 것이다. 무례히 행하지 아니하고 자기의 유익을 구하지 아니하며, 성내지 아니하고 악한 것을 생각지 아니하고, 불의를 기뻐하지 아니하며 진리와 함께 기뻐하고, 모든 것을 참으며, 모든 것을 믿으며, 모든 것을 바라며, 모든 것을 견디는 것이다. 사랑은 예언도 폐하고 방언도 폐하며 지식도 폐한다.

이미 사랑의 그 본령(本領)과 본질에 대하여는 앞에서 기술한 바 있다. 주님께서 우리에게 베푸신 사랑은 인간 된 우리 생명의 구석구석까지 다 깊이 살펴 체휼하시고, 우리가 건너지 못할 죽음의 강까지 대신 건너 주시며 그 본을 보이신 그런 사랑이다. 그리고 주님은, 주님이 우리를 사랑한 것같이 우리에게 이웃을 사랑하라고 하셨다. 우리의 연약함을 아시는 주님이 사랑하라고 말씀하시면서, 우리가 감당해야 할 만한 사랑의 몫을 정해 주신 것이 고린도전서 13장이라고 믿는다.

우리가 우리를 향하여 사랑을 베푸신 주님을 믿고, 다만 오래 참고 온유하고, 시기하지 않고 자랑하지 않으며, 교만하지 않고, 무례히 행하지 아니하고, 자기의 유익을 구하지 아니하고, 성내지 않고 악한 것을 생각지 않으며, 불의를 기뻐하지 않으며 진리와 함께 기뻐하고, 모든 것을 참으며 믿으며 바라며 견디면, 그리스도께서 우리를 사랑한 것같이 우리가 이웃을 사랑한 것으로 인정받으며 땅 위에서의 에덴이 회복될 것이라고 믿는다.

그러기에 믿음, 소망, 사랑, 이 세 가지는 항상 있을 것이로되, 그중에 제일은 사랑인 것이다. 주님이 우리에게 베푸신 그 사랑을 좇아 닮아가려고 사랑의 능력 한계에서 애쓰고 몸부림치며 안간힘을 다하는 우리의 모습을 주님이 보신다면, 분명히 우리를 가상히 여기실 것이다.

망각에 대하여

우리 인간들은 세상을 살아가면서 잊어버리지 말아야 할 것은 쉽게 잊어버리고, 잊어버려야 할 것은 좀처럼 잊어버리지 못한다. 마땅히 기억할 것과 잊을 것을 구분하는 것은 단순한 일인 것 같으나, 실제로는 어렵다. 필자가 중학교 시절에 읽었던 어느 일본인의 시(詩)에 다음과 같은 구절이 있다. 일본어로 쓰인 것을 번역하면 다음과 같다.

> 망각이란 잊어버리는 것이다.
> 잊겠노라 하고서도 잊어버리지 못하는
> 마음의 슬픔이여…

무엇인가를 잊어버리고자 하나 잊어버리지 못하는 안타까운 슬픔이 있는 듯하다.

《팡세》(Pence)라는 책이 있다. 이 책을 쓴 프랑스의 철학자 파스칼(Pascal)은 책에서 다음과 같은 말을 하였다. "인간은 생각하는 갈대이다." 책 이름 '팡세'(Pence)는 '생각하다, 사고하다, 사색하다'라는 뜻을 가진 프랑스어 단어이다. 그래서 'Je pence' 하면 'I think'라는 문장으로, '나는 생각한다'라는 뜻이다.

들판에 서 있는 갈대는 바람이 불면 휘청거리고, 거센 비바람이 불어닥치면 꺾이고 쓰러지며 말라비틀어진다. 이와 같이 우리 인간도 들판의 갈대처럼 험한 세상의 세파에 흔들리고 부딪치면서 꺾이고 쓰러지는 존재이나, 다만 생각하는 능력이 있다는 것이다.

하나님의 형상을 좇아 지음을 받은 우리 인간들에게 하나님께서 생각하는 능력을 주셨다는 것은 특별한 은총이며 은사이다. 그래서 우리 인간들이 만물의 영장인 것이다. 인간에게 사고의 능력이 없다면 동물이라는 존재 이상의 의미가 없을 것이다. 그러나 인간은 망각하기를 잘한다. 기억하고 생각하고 있어야 할 것들을 잘 잊어버린다. 그래서 '망각의 동물'이라는 저속한 말도 듣는다.

인간이 이렇게 잊어버리기를 잘하는 존재이지만, 무엇인가를 잊어버리지 못하여 고통받는 사람도 있고, 잊어서는 안 될 것을 쉽사리 잊어버려 도리(道理)에 어긋나는 사람도 많이 있다. 첫사랑을 이루지 못한 아픔도 시간의 흐름에 따라 망각으로 치유되고,

민족의 쓰라린 역사의 고난과 아픔도 세월의 흐름에 따라 잊혀가는 듯하다.

그러나 망각이라는 것이 꼭 이렇게 유효하게 나타나는 것만은 아니다. 인간은 생각할 수도 있고 망각할 수도 있다. 생각하는 것은 능력이요, 망각하는 것은 능력이 아니다. 무능력이다. 무능력은 무의지적(無意志的) 죄라고 할 수 있다. 아무리 세월이 흘러도 잊히지 않는 것이 있고, 세월은 별로 흐르지 않았는데도 쉽사리 잊어버리는 것이 있는 것은 부인할 수가 없다.

역사의 현실적 의미는 그 한 시대를 체험한 사람들의 진실한 증언을 듣고 배워서 이어지고 계대(繼代)되어 온 결과라는 데 있다. 예를 들면, 1945년 8월 15일 광복의 감격이나 1950년 6월 25일에 시작된 동족상잔(同族相殘)의 비극은 그것을 체험한 당대 사람들만의 것이어서는 아니 되며, 그 민족에게 한 나라의 정체성을 이어가는, 즉 계대(繼代)되는 현실적 체험이 되어야 한다.

잊어버리기 쉬운 감격적인 사실 체험이나 잊히지 않는 쓰라림 같은 체험들이 시간의 흐름을 따라 잊힐 것은 아니다. 이것을 생각하고 기억하되 생산적 미래지향 능력으로 발전시켜 나가야 할 것인데, 그렇게 하지 않고 이것을 망각이란 이름으로 잊어버리고 호도하고 있는 것이다. 누군가가 나에게 원수 되었던 아픈 기억을 망각의 늪으로 흘려보내지 말고 기억은 하되, 다만 선으로 보는 나의 가슴을 길러가는 것(살전 5:15 '악을 악으로 갚지 말고 선을 행하라')

이 곧 생각하는 능력이다.

어떤 사람과의 원한 관계가 세월의 흐름에 따라 잊혔다가도, 그것이 언젠가 편편(片片)으로 되살아난다면, 그 원한은 여전히 살아 있는 것이다. 그럴 때 망각은 스스로를 지키고 발전시켜 나가는 데 무능력하다. 그러므로 망각을 용서로 대체하자는 것이다.

유대인들에게는 매년 지키고 기념하는 날이 있다. 그들이 독일군의 억압하에서 폴란드의 게토(Ghetto)라는 구역에 갇히고 유폐되어 억압당하다가, 불에 태워 죽임을 당한 것을 기억하는 날이다. 그들의 구호는 이렇다.

"죄는 용서하되 역사는 기억하자! 잊지 말자, 게토(Ghetto)!"

원수가 된 과거지사를 기억하여, 언제까지나 원수가 되어 원수를 갚자는 것이 아니다. 누군가가 원수가 되는 슬픈 역사를 다시는 되풀이하지 않기 위하여, 그것을 기억하고서 앞날을 선하게 펼쳐 가자는 것이다.

우리는 정말로 기억하고 간직하며 감사해야 할 일들은 오히려 쉽게 잊어버린다. 섭섭하고 보잘것없었던 사소한 감정은 잊지 못하면서도, 자기가 입은 은덕과 신세는 언제 그런 일이 있었던가 하는 식으로 깡그리 잊어버리고 만다. 그러고는 이것을 '세월로 인한 망각의 소치'로 회칠하고 만다. 그러나 그것은 은혜를 잊어버리는 호의적 망각이 아니라 배반이다. 그러므로 망각은 은총이 아니다.

이스라엘 백성이 애굽을 탈출하여 광야를 지나, 요단 강을 건너 약속의 땅 가나안에 들어갔다. 막상 약속의 땅에 가서는 여호와 하나님을 잊어버리고 우상을 섬겼다. 이들은 은혜를 잊어버린 것이 아니라 은혜를 배반한 것이요, 생각하는 능력을 버린 것이다.

아하수에로 왕은 자기의 생명을 노리는 빅단과 데레스의 음모를 사전에 고(告)하여 자신의 생명을 구하게 한 모르드개의 공로를 잊어버렸다(에 2:21-22). 사실 그것은 세월이 지났다 해서 잊어버릴 일이 아니었다. 그는 생각의 능력을 버린 것이었으며, 은택을 배반한 것이었다. 그러나 그가 후일에 이것을 기억해냈다는 것은 생각의 능력을 회복한 것이다.

내게 가해하고 상처를 준 패려(悖戾)한 자의 만행을 망각한다는 것은 탈이치(脫理致)한 일이다. 그런데 성경은 그것을 용서하라고 가르친다. 입은 상처와 손해가 크면 클수록, 이것을 잊어버릴 것이 아니라 일흔 번씩 일곱 번이라도 용서하는 것은 곧 생각하는 능력이며 망각의 방법이다(마 18:22).

우리가 그토록 헤아릴 수 없이 많이 입은 하나님의 은혜를 잊어버린다는 것은 그저 망각이 아니라 은혜를 배반하는 것이다. 헤아릴 수 없이 많은 은혜를 주신 하나님과 그 은혜를 망각이라는 호의적인 단어를 핑계로 배반하고 산다는 것을 깊이 깨닫고 명심할 필요가 있다.

망각은 최초의 인간 아담과 하와가 불신앙과 불순종의 죄를 지은 데서부터 비롯된 인간의 성품이다. 하나님께서 아름답게 지으신 모든 것의 은택을 잊어버리는 것은 배은망덕의 죄이다. 진실이 그러하거늘, 인간 세상에서는 은혜를 잊어버리는 것을 세월 탓으로 돌리고, 인간 육체의 생리 현상처럼 자연스러운 것으로 수용하는 습성이 있다. 그러나 은혜를 잊는다는 것은 허물이요 죄인 까닭에, 하나님은 은혜를 망각하지 않도록 '깨어 있으라' 하시며, 타락한 인간들을 일깨우기를 마다하지 않으신다.

이러한 망각에 대한 하나님의 치유 방법은 무엇일까? 하나님의 은혜로 출애굽 한 이스라엘 백성들은 약속의 땅 가나안이 가까우면 가까울수록 하나님의 은혜를 망각하고 불평하고 원망한다. 하나님은 그럴 때마다 이들을 일깨우셨다.

"너희는 이전에 이방의 나그네였던 것을 기억하라(잊어버리지 말라). 나는 너희를 애굽에서 이끌어낸 너희 하나님 여호와이니라. 나는 너희를 40년간 광야에서 인도한 여호와니라. 나는 너희를 가나안에 인도해 들인 너희 하나님 여호와니라"(신 6:21-23; 출 22:21; 렘 55:3, 7:6…).

첫째, 하나님은 우리가 잊어서는 안 될 은혜를 잊지 않도록 우리를 계속 일깨우신다. 오늘날 헤아릴 수 없이 많은 하나님의 은택 가운데 살면서도 은혜를 모르고 살아가고 있는 우리에게, 하나님의 말씀과 성령이 우리를 이토록 계속 일깨우고 있음을 깨닫고, 그 세미한 음성을 들어야 할 것이다.

둘째, 한편 옛날에 싸우고 원수진 것들, 억울하고 상처받은 것들, 이런 것들을 이제는 좀 잊어버리면 좋겠는데, 좀처럼 잊히지 않아서 우리는 괴로워한다. 미움이 치솟고, 어떻게 해서든지 앙갚음하고 싶은 마음으로 마음에 괴롭힘을 당한다. 이런 것은 은혜를 쉽사리 잊어버리듯 잊으면 좋겠는데, 왜 안 잊히는 것일까? 하나님께서는 이러한 경우 왜 망각의 미덕을 끼쳐 주시지 않는 것인가? 망각이 미덕이 아니기 때문에 그렇다. 하나님의 치유 방법, 십자가에서 피 흘리신 사랑과 용서의 방법을 가르쳐 주시기 위함이다. 이웃과의 원한 관계를 망각으로 치유하는 것이 아니라, 용서로 치유하라고 가르치시는 것이다.

네게 이르노니 일곱 번뿐 아니라 일곱 번을 일흔 번까지라도 할지니라 _마 18:22

원수지고 원한을 산 감정은 세월의 흐름과 망각으로 치유되지 않는다. 세월이 흘러도 이런 것은 잊히지 않고 세월 속에서 잠자고 있을 뿐이며, 언제든 다시 고개를 들고 뛰쳐나올 수 있다. 나의 당대에서, 아니면 내 후대에서라도 언젠가 되살아나서 원수를 갚으려 한다. 한 번 해병은 영원한 해병이라고 하는 것처럼, 한 번 원수진 것은 영원한 원수로 남아 있기 때문이다. 그러므로 성경의 가르침은 망각이 아니라 용서이다. 용서하라!

셋째, 또 잊히지 않는 것 한 가지가 더 있다. 잊어버리기를 잘하는 은혜도 아니요, 안 잊히는 원한 관계도 아닌 한 가지는, 아픔이다. 실연의 아픔이나, 자기의 중대한 실수로 자기 스스로와 친구에게 입힌 손해로 인한 아픔 등이다. 이런 것은 잊히지 않아, 스스로를 자책하며 괴롭히게 된다.

천지의 주재이신 하나님의 말씀, 성경은 말한다.

16항상 기뻐하라 17쉬지 말고 기도하라 18범사에 감사하라 이것이 그리스도 예수 안에서 너희를 향하신 하나님의 뜻이니라 _살전 5:16-18

창조주요 만유의 주요 절대권자이신 아버지 하나님 앞에서 자족하는 아들의 모습을 보이라는 것이다.

만약에 하나님께서 아브라함에게 하신 약속(창 15:13-16; 출 2:24)을 기억하지 않고 망각하셨더라면, 이스라엘 민족은 영원히 애굽의 노예로 살아갔을 것이다. 아하수에로 왕이 모르드개의 공덕을 망각한 채 다시 기억하지 못했더라면, 이스라엘 백성들은 바벨론에서 멸절되었을 것이다. 망각은 미덕이 아니다. 역사를 망각하는 민족에게는 미래가 없고, 과거를 잊고 사는 사람에게는 내일이 없다.

1내 영혼아 여호와를 송축하라 내 속에 있는 것들아 다 그의 거룩한 이

름을 송축하라 2내 영혼아 여호와를 송축하며 그의 모든 은택(恩澤)을 잊지 말지어다 _시 103:1-2

잊지 말아야 할 은택은 쉽사리 잊어버리면서, 잊어버려야 할 쓰라린 일, 원수 되었던 일들은 잊지 못하고 기억하고 있는 것은 은혜 입은 자들이 가는 마음의 길이 아니다.

모든 일들은 기억된다. 다만 긍정적인 것들은 적극적으로 펼쳐나가며, 그와 반대로 부정적인 것들은 선한 방향으로 발전시켜 나가는 것이 성경이 가르치는 바 약동하는 선한 생명이 가는 길이다. 이것이 아름다운 인생의 길인 것이다. 하나님은 그 백성들이 이렇게 노력하고 살아가기를 원하신다.

어떤 사람이 미켈란젤로의 아름다운 대리석 조각품을 보고서 "당신은 저렇게 모나고 단단한 대리석으로 어떻게 저 아름다운 작품을 만들어냈소?"라고 물었다. 미켈란젤로의 대답은 이러했다고 한다. "아름다움은 본래 저 대리석 속에 있었습니다. 나는 그 대리석 속에 이미 있던 아름다운 것을 망각하고 새로운 것을 창조한 것이 아니라, 묻혀 있는 그 아름다운 것을 찾아내기 위하여 필요 없는 부분들을 제거했을 뿐입니다."

하나님은 이 세상 만물을 만드실 때에 이미 아름답게, 하나님이 보시기에 심히 아름답게 만드셨다. 그러므로 우리 인간들이 그 아름다운 것을 잊고서 그 이상 아름다운 것을 만들어낼 수는 없다.

다만 이미 그 속에 있는 아름다운 것들을 가리고 있는 것들을 제거하는 일이 중요하다.

하나님은 우리 속에 아름다운 것들을 미리 채워 놓으셨다. 그러므로 그 아름다운 것들을 잊어버리도록 가리고 있는 죄의 성품들을 제거하는 일이 아름다운 삶을 사는 길이다.

더불어 살자

누가복음 16:19-31

분문 19절에 기록된 부자는 상당히 높은 신분의 사람임을 알 수 있습니다. 로마제국의 식민 통치하에 있던 당시 이스라엘인들 중에서 자색 옷을 입었다는 것은 지위가 높은 신분을 나타내는 것이요, 가는 베옷은 부자라도 보통 부자가 아니라 귀족적인 부자를 나타내는 문화 풍습이었습니다. 그러고 보면 이 부자는 치세제민(治世濟民)의 위치에 있는 사람임을 짐작할 수 있습니다.

이 부자가 날마다 호화로이 열락한 반면, 그의 대문간에 나사로라 하는 병든 거지가 그 집에서 버리는 찌꺼기 밥을 얻으려고 날마다 누워 있었다는 것은 그 당시 사회상의 일면을 보여 주기도 합니다. 그 부자는 마치 한국이 36년간 일제의 식민지 통치하에 있을 때 일본에 빌붙어 호의호식하고 권세를 누리며, 억압당하고 짓눌려 굶주리고 고통당하는 동족을 돌아보지 않던 친일파를 연상하게 합니다.

예수님 당시 이스라엘이 로마제국의 식민지 통치하에 있을 때, 이스라엘 중에서 친로마파 유대인들, 곧 바리새인, 서기관, 장로 같은 부류의 사람들은 자색 옷과 가는 베옷을 입고 매일 열락했지만, 백성들은 율법과 장로의 유전에 억눌리고 굶주림의 고통에 시달려야 했습니다. 마태복음 6장 31-33절 말씀, "너희는 목숨을 위하여 무엇을 먹을까, 무엇을 마실까, 몸을 위하여 무엇을 입을까 염려하지 말라. 너희는 먼저 그 나라와 그 의를 구하라" 하신 예수님의 이 말씀에는 무엇을 먹고 무엇을 마시며 무엇을 입을까 염려하지 않을 수 없던 당시의 사회적 배경이 암시된 것입니다.

부자요 높은 자리에 있고 권세를 누릴 수 있는 자가 이처럼 매일 호화로이 열락한다는 것은 그 '부'와 '권력'이 부패하고 퇴폐해 있다는 것을 말해 줍니다. 그러나 이 부자는 사람 보는 앞에서 남의 것을 강탈하거나 강폭(强暴)한 행동을 한 적이 없고, 살해하거나 악행을 저지른 일이 없습니다. 자기 밥 먹고 자기 옷 입고 제멋에 사는 사람입니다. 비난은 받을지 모르나, 시빗거리가 될 일을 한 적은 없었습니다.

자색 옷과 가는 베옷을 입은 부자가 밤낮으로 호화로이 열락하며 그 대문을 드나들 때마다, 병든 거지가 그 대문간에 누워 있는 흉물스러운 모습을 보고는 하인을 시켜서 당장 쫓아내고, 다시는 그 대문간에 오지 못하도록 조치를 할 수도 있었을 것입니다만, 그 부자가 그렇게까지는 하지 않은 것을 보면 일말의 인정이 있는 호인이요, 성미가 고약하거나 잔인한 사람은 아닌 것 같습니다.

이 부자는 어느 누구의 도움도 필요하지 않은 사람입니다. 이러한 사람의 대문간에 한 병든 거지가 찌꺼기 밥을 얻기 위하여 하루도 아니고 매일 누워 있던 것입니다. 예수님은 이 상황과 사건을 하나님의 계명으로 조명하고자 합니다. 다른 사람의 도움이 필요 없다는 것은 곧 다른 사람을 도와야 할 위치에 있다는 것을 묵시적으로 말하며, 그런 반면 거지 나사로는 누군가의 도움이 절실히 필요한 사람임을 말하는 것입니다.

거지 '나사로'의 이름의 뜻은 '하나님이 도우신다'입니다. 그러나 하나님은 직접 이 땅에 내려와서 누군가를 돕는 것이 아니라, 계명을 내리고 그 계명에 의탁하십니다. "내가 너희를 사랑한 것같이 너희도 서로 사랑하라"는 계명을 내리시고, 그 지근위치(至近位置)에 있는 이웃으로 하여금 그를 돕게 하는 것이 계명의 실현 정신입니다. 만약 그 계명에도 불구하고 그 이웃이 불쌍한 자를 돌보지 않는다면, 불쌍한 자는 죽은 다음 하나님의 돌보심을 받고 계명을 시행치 아니한 자는 멸망의 심판을 받게 됩니다.

구약에서는 남의 소가 물에 빠져가는 것을 보고도 이것을 건져주지 아니하면 죄로 다스렸습니다. 굳이 성경의 가르침이 아니라도 선(善)을 알고도 행치 않으면, 이는 죄를 범하는 것이 됩니다.

이런 것은 인간 사회의 법으로도 부작위(不作爲)의 죄가 되는 것입니다. 이것이 기독교의 사회관입니다.

자색 옷 입은 부자가 매일 자기 집 대문간에 누워 있는 거지를 불쌍히 여겨 따뜻한 손길을 베푸는 것은 선한 일임에 틀림이 없습니다. 부자가 이 선한 일을 모를 까닭이 없습니다. 성경은 분명히 "사람이 선을 행할 줄 알고도 행하지 아니하면 죄니라"(약 4:17)고 말했습니다. 자색 옷 입은 부자가 그 누추한 거지를 자기 대문간에서 쫓아내지 않고 잔반(殘飯)을 주는 정도의 인정과 선심(善心)으로는 하나님의 심판대 앞을 통과할 수 없는 것입니다.

기독교의 선관(善觀)은 적극선(積極善)입니다. 속옷을 달라 하면 겉옷까지 주며, 5리를 가자 하면 10리를 가 주는 것이며, 왼뺨을 때리면 오른편 뺨까지 내주고, 죄에 대해서는 일흔 번씩 일곱 번까지라도 용서하는 것이 하나님의 뜻입니다. 자색 옷과 가는 베옷을 입은 부자가 병들고 굶주려 냄새를 풍기며 자기 집 대문간에 누워 있는 거지를 보았다면, 그를 일으켜 부축해서 집안으로 데리고 들어가 목욕을 시키고, 먹는 자리에 앉혀야 했을 일입니다. 그러고 보면, 이 재물 많고 지체 높은 부자가 하나님 보시기에 얼마나 큰 악을 행한 것인지 알 수 있습니다.

신명기 10장 18절, 스가랴 7장 10절 등을 보면, 고아와 과부와 나그네와 가난한 자를 선대하라고 했습니다. 요한복음 5장 29절은 말씀하시기를 "선한 일을 행한 자는 생명의 부활로, 악한 일을 행한 자는 심판의 부활로 나오리라" 하였습니다. 예수님은 지극히 작은 자에게 한 것이 나에게 한 것이요, 지극히 작은 자에게 하지 아니한 것이 나에게 하지 아니한 것이라고 말씀하셨습니다(마 25:40-45). 자색 옷의 부자가 매일 자기 집 대문간에 누워 있는 거지 나사로에게 시원한 물 한 잔과 따뜻한 밥 한 그릇을 대접했더라면 곧 예수님을 대접한 것이었을 텐데, 그는 그 많은 선행의 기회를 놓치고 말았습니다. 지극히 작은 자 하나를 소홀히 했기 때문입니다.

마태복음 16장 27절을 보면 이토록 냉대를 받으신 예수님이 "인자가 아버지의 영광으로 그 천사들과 함께 오리니 그때에 각 사람이 행한 대로 갚으리라"고 말씀하셨습니다. 그 모형이 본문의 22절 이하에 나타나 있습니다. 세상에서 돌봄을 못 받았던 지극히 작은 자, 거지 나사로는 죽어 복의 근원 된 아브라함의 품에 안겨 있고, 자색 옷과 가는 베옷을 입고 연락하던 부자는 죽어서 음부에 떨어져, 불꽃 가운데서 고통당하는 모습을 볼 수 있습니다. 여기에서 세상에 있는 동안 자기를 향하여 펼쳐진 손길을 무시하고, 자기를 향해서 애원하는 소리를 못 들은 척하던 사람의 결말을 보게 됩니다. 부자가 외칩니다.

24불러 이르되 아버지 아브라함이여 나를 긍휼히 여기사 나사로를 보내어 그 손가락 끝에 물을 찍어 내 혀를 서늘하게 하소서 내가 이 불꽃

가운데서 괴로워하나이다 … 27이르되 그러면 아버지여 구하노니 나
사로를 내 아버지의 집에 보내소서 28내 형제 다섯이 있으니 그들에게
증언하게 하여 그들로 이 고통 받는 곳에 오지 않게 하소서

_눅 16:24, 27-28

부자는 복의 근원 된 아브라함의 품에 안겨 있는 나사로를, 거기에서도 자기의 대문간에 누워 있던, 심부름이나 시킬 거지로 생각하고 있는 것입니다. 이미 심판이 끝난 뒤의 일이지만, 그래도 베옷 입은 부자에게 나사로에 대한 일말의 참회하는 마음이 없음이 아쉽습니다.

이 호화로이 열락하던 부자가 당 시대에 율법을 몰랐을 리 없고 하나님을 몰랐을 리도 없습니다. 그는 하나님을 바라보고 아버지라고도 불렀으나, 하나님의 뜻과 계명에는 무관심하거나 불순종하였습니다. 하나님과 자기만을 바라본 것이었습니다. 하나님을 본 다음에 반드시 좌우 양옆으로 이웃을 바라보았어야 합니다. 여기에서 십자가가 발견되는 것입니다.

바리새인 중의 한 율법사가 예수께 나아와 물었습니다. "선생님이여 율법 중에 어느 계명이 크니이까?" 예수님이 대답하시기를 "네 마음을 다하고 목숨을 다하고 뜻을 다하여 주 너의 하나님을 사랑하라 하셨으니 이것이 크고 첫째 되는 계명이요 둘째는 그와 같으니 네 이웃을 네 몸과 같이 사랑하라 하셨으니"라고 하셨습

니다. 하나님 사랑과 동시에 이웃 사랑이 이루어져야, 거기에 자비와 용서와 구원의 십자가가 세워지는 것입니다.

오늘날 우리 주변이나 대문간에 헐벗고 굶주리어 병들어 누워 있는 나사로와 같은 거지는 없습니다. 그러나 우리의 눈길이 닿지 않고 발길이 닿지 않는 곳에는 아직도 굶주리고 병에 시달리는 군상들이 무수히 많습니다. 하루에도 수없이 많은 사람들이 주려 죽어가고 있다는 소리가 지금도 우리에게 끊임없이 들려옵니다. 5리를 가자 할 때 10리를 가 주는 것이 그리스도인의 더불어 사는 사회관이라면, 우리는 거기까지라도 달려가서 먹고 마실 양식과 의복을 나누고 사랑을 베풀어 하나님의 사랑을 실천해야 할 것입니다.

자색 옷을 입고 호화로이 열락하던 부자는 율법의 유전에는 익숙한 사람이었으나, 그 마음속에 이웃을 바라보는 하나님의 마음은 없었습니다. 하나님의 자녀도 아니요 백성도 아닌 사람이었습니다. 자기가 받은 것을 불우한 이웃에게 나누어 줄 줄 모르는 반쪽 인간이었습니다. 하나님의 자녀요 백성 된 사람, 십자가의 은혜를 받은 사람은 유무상통할 줄 압니다. 오늘날 교회 개혁의 목표는 무엇인가를 고쳐 새롭게 만들어 가는 것이 아니고, 유무상통했던 초대교회로 돌아가자는 운동이어야 합니다.

베드로가 모인 무리들을 향하여 "너희가 십자가에 못 박은 그분이 메시아이다. 너희가 메시아를 십자가에 못 박았다"라고 외쳤을 때, 그들이 "우리가 어찌할꼬" 하고 회개하고 주께 돌아왔습니다. 오늘날 우리들의 귀에 "너희의 대문간에 병들어 굶주리고 누워 있던 거지 나사로가 바로 예수였다. 너희가 이 예수를 냉대하였도다" 하는 선지자의 음성을 들어야 할 것입니다.

오늘날 그 어느 때보다도 개혁과 선교를 부르짖는 외침이 높게 들려옵니다. 교회의 개혁과 선교는 새 교회를 세우고 이전에 없었던 프로그램을 개발하여 시선을 끌어 교인 수를 늘리기 위한 운동이 아니라, 범세계적으로 유무상통하는 거듭난 하나님의 백성, 그리스도인을 만들어가는 일입니다.

진정한 그리스도인, 하나님의 자녀 된 사람들은 유무상통하고 화평을 도모하며, 하나님의 자녀라 일컬음을 받는(마 5:9) 복된 사람들입니다. 아침 이슬과 같이 사라지고 풀과 같이 시들며 꽃과 같이 떨어지는 인생을 인색하게 살 것이 아니라, 가슴을 열고 나를 향하여 펼쳐진 손들을 껴안고 더불어 사는, 인정이 풍성한 삶을 사시기를 축원합니다.

2부

—

교회를 위한 마음

Hopeful mind

맡은 자

마태복음 25:14-30

본문에서 보는 바와 같이, 어떤 사람이 먼 길을 떠나면서 그의 종 세 사람에게 각각 다섯 달란트와 두 달란트 그리고 한 달란트를 맡겼습니다.

오랜 후에 그 주인이 돌아와 종들과 맡긴 것에 대하여 셈하였습니다. 종들과 셈을 할 때, 다섯 달란트 맡았던 종은 맡았던 다섯 달란트를 가지고 장사하여 다섯 달란트를 남겨 모두 열 달란트를 가지고 왔습니다. 이때 주인은 그 종에게 "잘하였도다. 착하고 충성된 종아, 네가 적은 일에 충성하였으매 내가 많은 것을 네게 맡기리니, 네 주인의 즐거움에 참여할지어다"라고 칭찬하였습니다.

두 달란트 맡았던 종도 와서 그와 같이 "내가 또 두 달란트를 남겼나이다"라고 하면서 주인에게 네 달란트를 내놓았습니다. 주인은 다섯 달란트를 남겨 온 종에게 한 것과 똑같이 "잘하였도다. 착하고 충성된 종아 네가 적은 일에 충성하였으매 내가 많은 것을 네게 맡기리니, 네 주인의 즐거움에 참여할지어다"라고 칭찬하였습니다. 주인은 다섯 달란트 남겨 온 종에게나 두 달란트 남겨 온 종에게나 똑같이 차별 없이, 적은 일에 충성하였다고 칭찬하였습니다.

하나님께서는 어째서 다섯도 적은 것이요 둘도 적은 것이라고 하셨는지 궁금합니다. 하나님께서 다섯 달란트 이상의 능력이 있는 종에게 다섯 달란트만 맡기셨다면, 다섯 달란트는 그에게 적은 것입니다. 마찬가지로 두 달란트 이상의 능력이 있는 종에게 두 달란트만 맡기셨다면, 그 두 달란트는 그에게 적은 것입니다. 하나님은 감당할 수 있을 만큼 맡기시고, 결과에 대하여 만족하기를 기대하시기 때문입니다.

한 달란트를 맡은 종도 그가 한 달란트를 남겨서 주인에게 가지고 나왔더라면 똑같은 칭찬을 들었을 것입니다. 하나님은 수(數)의 많고 적음에 편견이 없습니다. 하나님께서는 한 달란트를 맡은 종이 한 달란트라는 적은 것을 받았다고 불만한 것이 아니라, 적더라도 맡은 일에 충성하지 않은 것을 책망하셨습니다.

'종'이란 마땅히 주인의 뜻을 따라 행하는 것이 그 본분입니다. 유대 사상에서 종은 자기 소유가 없고 자기 인격도 없으며, 자신의 뜻도 없습니다. 오로지 주인의 뜻만이 그에게 있습니다. 주인의 뜻에 따르는 것이 종이 가는 길입니다. 그러므로 한 달란트 받은 종은 맡은 것에 대하여 주인의 뜻을 받들어 이익을 남겼어야 합니다. 그러나 그 종은 주인의 뜻은 행하지 않고, 오히려 "당신은 굳은 사람이라 심지 않은 데서 거두고 헤치지 않은 데서 모으는 줄을 내가 알았으므로 두려워하여 나가서 당신의 달란트를 땅에 감추어 두었었나이다" 하고 자기의 뜻을 나타내 보였습니다.

디모데전서 1장 12절에서는 "나를 충성되이 여겨 내게 직분을 주신 것을 감사하나이다"라고 말했습니다. 나에게 일을 시켜 보지도 않고서, 나를 말 잘 듣고 충성하는 종으로 여기고 직분을 주신 것에 감사한다는 것입니다. 그러므로 고린도전서 4장 2절에서는 "맡은 자들에게 구할 것은 충성이니라"라고 말합니다.

하나님은 지으신 모든 것을 인간 아담에게 위탁하셨습니다.

하나님이 그들에게 복을 주시며 하나님이 그들에게 이르시되 생육하고 번성하여 땅에 충만하라, 땅을 정복하라, 바다의 물고기와 하늘의 새와 땅에 움직이는 모든 생물을 다스리라 하시니라 _창 1:28

하나님은 지으신 세계와 우주를, 그의 형상을 따라 지음 받은 인간에게 위탁하여 경영하도록 하셨습니다. 성경학자들은 이것을 '위탁 명령'이라고 합니다. 또 이 위탁된 것들을 발전시키고 유익하게 이루어 정복하고 다스려 가야 하는 것이므로, 이것을 '문

사랑을 나누는 직분에 충성한 주진경 목사.

화 명령'이라고도 합니다. 창세기 1장 28절에서 하나님은 이것을 복이라고 말씀합니다.

하나님의 형상을 따라 지음 받은 인간들이 하나님으로부터 무슨 일을 위탁받아 맡는다는 것은 그 자체가 곧 복입니다. 우리가 정말로 올바른 신앙관을 가지고 있다면, 이 세상을 살아가는 동안 무엇이 되었든지 간에 나에게 맡겨진 일이 있다면, 그것이 곧 복을 받은 것임을 알아야 합니다.

여러분과 저에게는 여러 가지 형태로 맡겨진 일이 있습니다. 세상적으로는 귀하게 보일 수도 있고 천하게 보일 수도 있습니다. 직업에 있어서도 마찬가지입니다. 고급스러워 보여 한인들이 선호하는 변호사든 판검사든, 아니면 그와 반대로 생각되는 거리의 청소부든 간에, 각자에게는 맡겨진 일이 있습니다. 모두 각기 구별되게 맡겨졌으므로 그 직업은 거룩하며, 하나님께서는 맡은 이에게 충성을 기대하십니다.

어려운 말 한마디를 꺼낼까 합니다. 오늘을 살아가는 그리스도인들, 즉 포스트모던 시대를 살아가고 있는 현대 후기 사회의 그리스도인들에게는 진정 의식 혁명과 인식 혁명이 있어야 한다는 것입니다. 고급 백화점의 점원으로 급료를 받아서 가족을 부양하는 것이 자랑스러운 직업이라면, 가정부나 청소부 일을 하여서 가족을 부양하는 직업은 더욱 거룩하고 성스럽습니다. 거기에 바쳐진 헌신과 희생의 밑바탕에는 고급 백화점 점원에게서는 찾아볼 수 없는 아름다운 자기부인(self-denial)이 있기 때문입니다. 이러한 일에 불만하여, 자기 가족의 부양을 위하여 맡겨진 일에 충성을 다하지 않는다면, 그 가족은 생존할 수 없을 것입니다.

지난 화요일, 저는 뉴욕 효신장로교회에서 개최된 뉴욕 도시 성시화(聖市化) 운동(holy club) 창립 모임에 다녀왔습니다. 거기에 모인 사람들은 모두 가슴에 명찰을 달고 있었는데, 미국과 한국에서 온 전직 대법원장, 검사장, 장로, 목사, 교협 회장, 기독실업인회 회장 등과 유명한 목사들이었습니다.

식사 시간이 되자 모두 점잖게 줄을 서서 자기가 먹을 것을 그릇에 담아가고 있었습니다. 그런데 나와 같이 간 장로님 한 분이 내 앞에 서 있다가 음식대(飲食臺)에 가서, 지팡이를 짚고 서 있는

데다 얼굴도 알려지지 않은 무명 목사인 내가 먹을 것을 담아 오는 것이었습니다. 그 장로님은 재계(財界)에서 이름이 난 분으로 다른 사람의 음식을 담아다 줄 처지는 아니었습니다. 그는 누가 시킨 것도 아닌데, 연배가 있고 다리가 불편해 보이는 누군가를 섬기며, 그것을 자기에게 맡겨진 일로 안 것입니다.

주님은 이렇게 낮아져서 충성하는 자들을 높이고 위로하시며 그리스도의 평강으로 인도하십니다. 맡은 일로 인하여 내가 낮아지면, 주님이 나를 높여 주십니다. 그런데 스스로 치장하고 꾸며서 큰 자가 되고 높아지고자 하면, 주님은 이런 사람들을 부끄러운 자리에 앉히실 것입니다.

여러분 모두 그리스도를 믿는 의식 혁명의 전위대가 되어서 앞서가는, 맡은 자들로서 거룩한 앞날을 살아가시기를 바랍니다.

선교의 새로운 지향점

마태복음 28:16-20

부활하신 예수님께서 갈릴리 호숫가의 언덕에서 열한 제자를 앞에 두고 말씀하셨습니다.

"너희는 가서 모든 민족을 제자로 삼아 아버지와 아들과 성령의 이름으로 세례를 베풀고, 내가 너희에게 분부한 모든 것을 가르쳐 지키게 하라. 볼지어다 내가 세상 끝날까지 너희와 항상 함께 있으리라."

예수님께서 승천하시기 직전에 마지막으로 제자들에게 하신 이 명령은 지상 명령(至上命令)이었습니다. 그 제자들과 그 신앙을 계대하여 살아가는 우리에게는 마지막 위대한 사명입니다. 그러므로 그리스도 예수가 대속하여 흘리신 보혈의 은총으로 새 생명을 얻고 천국의 소망 가운데 살아가는 우리들이, 우리를 구원하신 예수님의 마지막 분부를 최대의 사명으로 감당해야 함은 지당한 일입니다.

예수님의 이 분부는 사랑이신 하나님의 뜻이며, 그것은 곧 불신자들을 믿는 사람으로 생활인(生活人)화하라는 말씀입니다. 이 말씀대로 그리스도인들은 이웃에게 전도하고 이웃 마을에 전도하며, 타국에까지 가서 전도(선교)를 하고 있는 것입니다. 자국 내의 동일 문화권에서 복음을 전하는 것을 전도라고 하고, 문화가 다른 이문화권(異文化圈)에 가서 복음을 전하는 것을 선교라고 하는 것 같은데, 예수님의 명령을 수행하며 복음을 전한다는 정신은 모두 같습니다. 그래서 장구한 세월 동안 전도자와 선교사들이 더러는 멀리 가고 더러는 가까이에서 복음을 전하여, 전 세계에 복음화의 물결이 넘실거리게 되었습니다.

이스라엘로부터 일어난 복음의 물결은 오늘날 전 세계를 멀리 돌아 미 대륙으로, 아시아로, 아프리카로 퍼져갔고, 이제 중동의 이슬람권의 둑 앞에서 그 둑을 넘지 못하고 출렁거리고 있습니다. 그 둑을 넘으면, 복음은 그 발상지인 이스라엘, 곧 땅끝인 유대인들에게 돌아갈 것입니다.

하나님께서 택한 백성인 유대인들이 땅끝인 이유는, 그리스도가 그 땅에 오셨는데, 그들은 아직도 오신 예수와 그 복음을 받아들이지 않고 다른 메시아를 기다리고 있기 때문입니다. 이스라엘의 골고다에서 십자가에 못 박혀 죽으신 예수를 유대인들이 자신들을 택하신 하나님의 아들로 받아들이느냐 받아들이지 않느냐에 대한 마지막의 심판이 '그때'에 이루어질 것입니다. 그동안에 모든 교회가 지상 명령에 따라 열심히 가고 보내며 제자를 삼는 일에 온갖 힘을 다 기울인 결과, 복음이 세상에 편만히 전파되었습니다. 모든 교회의 제일 목표가 전도였고 선교였으며, 우선순위역시 전도와 선교였습니다. 하지만 전도와 선교라는 거룩한 미명아래 타(他)에게 불편을 주었고, 원만치 않은 일을 선교라는 이름으로 덮고 지나가는 몰염치(沒廉恥)도 적지 않게 저질렀습니다.

오늘날 교회들이 선교를 외치며, 기본적인 능력 축적보다는 세상의 인기를 끌 만한 프로그램을 연구하고 '거룩한 이벤트'를 탐행(探行)하는 것을 적지 않게 봅니다. 이러한 일은 교인들의 수평이동을 불러일으키고, 이런 일을 유도하여 교인을 그물로 낚으려는 현상도 일어납니다. 예수님은 제자를 삼아 세례를 줄 뿐 아니라, 예수님이 제자들에게 분부한 모든 것을 세례를 받은 사람들에게 가르쳐 지키게 하라고 하셨습니다. 그런데 예수님이 제자들에게 분부한 모든 것을 가르쳐 지키게 하는 일은 등한히 하고, 무슨선교 무슨 선교 하면서, 이런저런 선교라는 이름으로 전혀 다른일에 분주해 있는 경우가 많습니다.

예수님께서 제자들에게 분부한 모든 것이란 예수님이 말씀으로 가르치신 모든 것이며, 예수님은 스스로 이것을 행하여 본을 보이셨습니다. 따라서 그들도 이 가르침과 본을 따라 행하는 생활인이 되게 하라는 말씀이 예수님의 명령이었습니다. 이제까지는 말로 전하고 문서로 많이 전하여, 복음 전파에 지대한 성과를 본 바 있습니다. 그러나 오늘날 세상이 악해지는 만큼, 전도와 선교 대상들도 보지 않고 믿어 복 받는 자가 되기보다 보고 믿으려는 경향으로 바뀌고 있습니다.

8·15 해방에 연이은 6·25 전쟁, 4·19 학생 의거, 5·16 쿠데타 등으로 정치, 사회, 경제 모든 분야에서 혼란한 가운데, 빈곤과 질병, 남북 대치 하의 불안 같은 절망 속에서, 한국교회는 희망의 복음을 외쳤습니다. 거기에다 기복신앙의 물결이 어우러져 교회가 급성장했습니다. 교인들은 교회 성장에 열심이었고 헌신적이었으나, 경건의 능력은 없습니다. 열매 없는 교회라는 비판도 받았습니다. 교인 수는 많아졌으나, 구별된 성도는 적었습니다.

교회와 신자들의 영적 성장이 없으므로, 희망의 복음과 기복 설교가 성경 공부로 옮겨가고 제자 훈련으로 발전해갔습니다. 그 결과 평신도들의 성경 지식과 교리 수준은 높아졌으나, 헌신이 약화되고 순종이 사라졌습니다.

교회의 성장이 멈추면서, 교회가 선교로 방향을 바꾸어 선교의 열풍이 뜨겁게 불어닥쳐 왔습니다. 많은 선교사들이 아프리카, 동남아시아, 남미, 동서 유럽과 아시아 대륙에 파송되고, 교인들의 선교 후원이 활발해졌으며, 교회마다 단기 선교도 많이 다니게 되었습니다. 이러한 전도와 선교 활동은 신앙의 성장과 성화로 구원을 이루어가는 기본 도의(道義)보다 교회 부흥(영적 성장보다는 양적 확대)의 한 방편으로 전도(顚倒)되었습니다. 항간에는 선교 현장에서 "이제 단기 선교는 그만 왔으면 좋겠다. 단기 선교단을 돌보는 일이 오히려 선교에 방해되고 힘들다"라고 한다는 얘기까지 들리기도 했습니다.

그러한 비판의 소리를 들으면서도, 타 문화권 선교 활동의 어려움과 수고를 체험해 보는 것은 지상 명령을 수행하는 데 마땅히 감당해야 할 몫입니다. 그렇더라도 이제는 보내는 선교사라고 불리는 각 교회와 신도들의 영성과 삶이 선교 현지에 나가 있는 선교사들의 수준까지 향상되어야 할 것입니다.

선교사들은 기후와 문화, 풍속, 언어 등 여러 가지 악조건들과 싸워가며 말씀을 가르칩니다. 선교사 자신도 그 가르친 말씀에 따라 선교지의 현지 주민들과 같이 살아가며, 그 모습을 보고 예수를 모르던 그들이 그리스도인으로서 생활인이 되어갑니다. 본국 교회와 교인들도 이렇게 선교사와 같은 그리스도인의 삶이 훈련되어야 할 것입니다.

최근 그리스도인에 대한 세간의 비판은 신자들의 신앙과 생활이 다르고 그 말이 행동과 다르다는 것입니다. 한마디로 바리새적인 위선자라는 것입니다. 그리스도인들에게는 가장 치명적인 비판입니다. 요즘은 복음을 전하고 가르치는 목사들이 얼굴을 들기가 부끄럽습니다. 선교라는 미명으로 그래서는 안 될 것들이 호도

(糊塗)되고, 선교라는 명분으로 원칙과 순서를 무시한 채 다른 것을 제치고 먼저 가는 특행(特行)도 보입니다.

선교는 멀리만 가면 다 되는 것으로 알고, 멀리 보내고 또 멀리 갑니다. 우리는 마땅히 사마리아와 땅끝까지 가야 합니다. 그러나 이제는 아직까지도 오실 메시아를 기다리고 있는 유다와 예루살렘을 말씀과 생활로 다질 때라고 생각합니다.

한국은 교회가 부흥하고 잘살게 되어 선교사도 많이 보냈습니다. 그러나 정작 그 본토가 복음으로 다져지지 않으면 아무 소용이 없습니다. 한국 교회는 나라의 도덕적 부패를 막지 못했으며, 민족의 진로를 뚜렷이 지로(指路)하지도 못한 채, 겉만 비대하고 번지르르하며 무기력한 종교가 되고 말았습니다. 선교는 많이 하면서도, 자국을 복음으로 제대로 세우지 못했기 때문입니다.

내 주변에 전도해야 할 대상이 수두룩합니다. 그들은 이제 "예수 믿으시오, 예수 믿으면 잘 살게 됩니다"하며 방송으로, 문서로 전도해서는 믿지 않게 되었습니다. 그들은 믿는다고 하는 우리들의 행동과 삶을 너무나 잘 보아 왔기 때문입니다.

이제는 나의 삶으로 전도해야 할 것입니다. 이는 야고보 사도의 가르침입니다. 내 말과 내가 나누어 주는 전도지가 아니라, 내 입의 말과 행동, 나의 일상의 삶이 전도지가 되어야 할 때입니다. 선교 헌금 얼마를 바쳤다고 하여 보내는 선교사가 되는 것이 아닙니다. 전투장에 나가는 병사가 자신에게 내려진 작전 명령과 작전

지시만으로 전투할 수 있는 것이 아닙니다. 그 작전을 수행할 수 있도록 평소에 실전을 방불한 훈련을 해야 실제로 전투할 수 있는 것처럼, 전도하고 선교하는 일도 내가 전해야 할 말씀에 대한 경건의 능력과 실천궁행(實踐躬行)이 본질이 되어야 합니다.

전도와 선교는 예수님께서 내리신 마지막 명령이며 최대의 사명입니다. 그렇다면, 전도하고 선교하는 일은 그리스도인으로서 나의 최대 사명이며 마지막 목표인 것입니다. 예수님께서 분부한 모든 것을 가르쳐 지키게 하는 일은 내가 먼저 그 일을 실천하여 나의 생활인격을 보임으로써 이루어질 것입니다.

죽음에 대하여

'죽음'이란 말은, 하나님께서 최초의 사람 아담에게 선악과에 대한 금령을 내리면서 '이 열매를 따 먹는 날에는 반드시 죽으리라' 하신 데서 비롯된 말이다.

하나님께서 아담과 하와에게 선악과의 금령을 내리신 것은 하나님의 지음을 받은 아담과 하와가 선악을 분별하는 지식을 갖는 것을 원하지 않으신 것으로 이해할 수 있다. 선과 악을 분별하고 구별하는 것은 오로지 하나님의 영역에 두고, 다만 아담과 하와는 하나님의 말씀을 믿고 따르기를 원하신 것을 알 수 있다. 그러므로 아담과 하와가 하나님께서 금한 실과를 따 먹은 것은, 그 많은 나무 열매 가운데 하나를 따 먹었다는 단순한 철부지의 사건이 아니라 불신앙과 불순종의 죄를 범한 것이다. '따 먹으면 죽으리라'

한 것을 죽지 않을 줄 알고 먹었으니 불신앙의 죄를 범한 것이요, '따 먹지 말라' 한 것을 따 먹었으니 불순종의 죄를 지은 것이다.

아담과 하와가 짐짓 금령을 어기고 선악과를 따 먹음으로 그들이 선과 악을 알게는 되었을 것이나, 그들은 선을 행할 능력이 없었고 악에 대처하는 능력도 없이 무능한 자가 되고 말았다. 오히려 그들은 자신들이 벌거벗었다는 수치와 두려움으로 나뭇가지 뒤에 숨어야 했고, 드디어는 하나님으로부터 에덴동산에서 쫓겨나고 말았다. 이로 인하여 그들은 잉태의 고통과 해산의 수고, 평생 땀 흘리는 수고 끝에 흙으로 돌아가게 되었다. 아담과 하와의 불신앙과 불순종의 죄는 하나님과 분리되는 영적인 죽음을 초래했으며, 육신의 징벌로 말미암아 수고와 고통의 떡을 먹다가 흙으로 돌아가는 결말을 맞았다.

그러니까 이들은 불순종, 불신앙의 범죄의 결과로 반드시 죽어야 했으나(창 2:17), 영적으로는 하나님과 분리되었고 육은 흙으로 돌아갔다. 이로 인하여 범죄한 아담을 비롯하여 그로부터 태어나는 모든 아담의 후예들은 죄의 성품을 이어받고 죄인으로 태어나 하나님과 분리되어, 영적으로는 죽은 상태에서 육이 살다가 흙으로 돌아가게 되었다. 그들이 맞은 죽음은 영적으로 하나님과의 분리였고, 육은 흙에 묻혀 잠자는 것이다.

성경은 인간 육신의 몰(沒)을 잠자는 것으로 표현하고 있다(마 27:52; 요 11:11-13; 행 7:60, 13:36; 고전 15:6, 18, 20, 51; 살전 4:13-15; 벧

후 3:4; 마 9:24=막 5:39=눅 8:52). 죽음을 성경적으로 비교한다면, 우리의 죽음과 예수님의 죽음은 자는 것(睡)과 죽는(歿) 것의 차이로 비교할 수 있다.

하나님은 하나님 자신의 모양과 형상을 따라 인간을 지으시고, 그 인간이 생육하고 번성하여 땅에 충만하고 하나님이 지으신 모든 것을 정복하고 다스리도록, 하나님의 통치 대리자로 세우고 권한을 주셨다. 여기에 피조된 인간에게 하나님에 대한 월권(越權)의 위험 요소가 있다. 따라서 하나님은 절대자인 창조주와 피조물 인간과의 구별이 필요했다. 그 질서를 위하여 한 가지 금령을 내리셨는데, 그것이 바로 "선악을 알게 하는 나무의 열매는 먹지 말라 네가 먹는 날에는 반드시 죽으리라 하시니라"(창 2:17)라고 하신 선악과의 금령이다.

이 금령을 뒤집어서 풀이하면 '이 열매를 먹지 않으면 네가 살리라'는 행위에 대한 계명이 된다. 여기에 이 열매를 먹는가 먹지 않는가, 즉 죽음을 택하는가 생명을 택하는가에 대한 자유의지가 부여되어 있고, 죽고 사는 것의 믿음에 대한 질문이 있다. 이 질문은 자신의 생명에 대한 전인격적인 책임을 부여한다.

피조물 인간을 향한 하나님의 바람과 요구가 무엇인가? 선악을 알고 다스리는 것은 오로지 유일한 하나님의 영역이다. 피조물 인간은 선악을 알 필요 없이 다만 하나님의 말씀을 듣고, 믿고 따르기만 하면 되는 순종의 원리가 있다.

하나님의 계명을 어기고, 불순종과 불신앙의 죄를 범한 인간은 과연 하나님의 경고대로 반드시 죽었는가? 아담과 하와의 범죄의 결과는 그들이 죽은 것이 아니었다. 그들은 생육하고 번성하기 위하여 잉태의 고통과 해산의 수고를 해야 하고, 일용할 양식을 위해서도 수고하고 이마에 땀을 흘려야 했다. 그리고 그들의 몸인 육은 하나님이 정하신 알지 못하는 때에 흙으로 돌아가게 되었으며, 영혼은 어두움의 세계에 처하게 되었다.

그런 우리에게 사랑이신 하나님께서 오래 참으사 독생자 예수를 보내셨다. 독생자 예수로 하여금 죄인 된 인간이 반드시 죽어야 할 죽음을 대신 죽게 하시고 그를 다시 살리사, 죄인들을 향하여 "네가 이를 믿으라. 믿으면 멸망하지 않고 영영히 살리라" 하는 계명을 주셨다. 이것을 믿으면 산다고 우리에게 믿음을 요구하셨다. 또 '네가 반드시 죽어야 할 죽음을 예수가 대신 죽었다. 네가 이것을 믿으라. 그리하면 살리라' 하고 믿음을 요구하셨다. 이것을 믿으면 반드시 내가 죽었어야 할 죽음과 죄의 문제가 해결된다. 결국 피조물 인간이 죽고 사는 문제는 모두 믿느냐 믿지 않느냐의 믿음에 달려 있다.

예수님의 죽음은 어떠한 죽음인가? 죄 없이 십자가에 달려 못 박혀 피 흘려 죽으신 예수님의 죽음은 죽을 까닭이 없는 죽음이다. 예수님은 십자가에 못 박혀 그 육신이 몰(歿)하였으나, 흙으로 돌아가 자지 않고 다시 부활하사 하늘 보좌에 오르셨다. 이 주님이 어느 때인가 심판주로 재림하실 때에, 예수를 믿다가 흙으로 돌아가 자던 자들은 다시 일어나 주님의 심판대 앞에 서게 될 것이다.

우리 인간들의 죽음(몸, dust; 아파르의 죽음)은 예수님의 죽음과 같은 진정한 의미의 죽음이 아니라, 단지 흙(ground; 아마다)으로 돌아가 심판하러 오시는 주님을 기다리며 자는 것이다(창 3:19). 아담에 속한 인간들의 죽음(흙으로 돌아감)은 당연히 죽게 되어 있는 육적 존재의 사라짐(掃滅)이다. 그러나 예수님의 죽으심은 죄 없는 몸의 죽음이다. 그러니까 말씀이 육신이 되어 오신 예수님의 죽음은 육신이 흙으로 돌아가 자는 것이 아니라, 이 땅의 무덤을 거쳐 하늘로 돌아간 것이다.

예수님의 죽음은 죄 없는 몸이 육신의 몰(歿)이라는 고통을 거쳐 영생하도록 되어 있는 존재의 천국 귀환이다. 영생하도록 되어 있는 몸의 죽음은 죽음이라는 계곡을 거쳐 부활로 영생에 회복하는 것이다. 그러므로 진정한 의미의 죽음은 죄 아래 있는 인간으로서는 아무도 맛볼 수가 없다. 죄인 된 인간의 죽음은 육체의 소멸 이외에 아무런 의미도 주어질 수 없다.

아담의 범죄로 말미암은 '반드시 죽어야 할 죽음'을 감당할 수 있는 분은 오직 예수님밖에 없다. 죄 가운데 태어난 인간은 수없이 죽는다 하여도 자기 죄 까닭에 죽는 것이며, 죄 사함의 능력이 없다. 내가 남을 위해 죽는다 해도 남의 죄를 사해 주지 못하고, 다만 자신이 가야 할 죄인의 길을 가는 것일 뿐이다.

하나님께 불신앙하고 불순종한 아담과 하와의 죄 아래 태어나고, 이로 인하여 스스로 범죄하며 죽어가는 인간을 불쌍히 여기신 하나님의 사랑이, 곧 예수님이 겪으신 십자가의 죽으심이다. 이 고난을 대속이라고 한다. 하나님께 불순종하여 죄 가운데 있는 인간의 온갖 고난과 고통과 질고를 십자가 위에서 겪어 보이면서 '너희가 당해야 할 이렇게 고통스러운 것을 내가 대신 지노라' 하는 죽음이다. 이것이 하나님이 연약한 인간에 대해 보이신 사랑, 곧 체휼(體恤)이다.

체휼에 대하여 하나님은 인간에게 최소의 것을 요구하시는데, 그것이 곧 믿음이다. 예수님의 죽으심은 죄 가운데 있는 인간의 질고에 스스로 닿고 느끼시는 상응(touch and feeling then response)이며 사랑이다. 즉, 하나님께 범죄한 자가 당해야 하지만 당하지 못하는 고통, 도저히 알 수 없는 고통을 보여 준 것이 예수님의 체휼이며 곧 대속이다.

우리 인간의 죽음이 진정한 죽음, 곧 죄를 사하는 죽음일 수 없기 때문에, 예수님은 인간의 죽음을 '자는' 것으로 표현하고 예수님이 대신 죽으셨다. 성경은 아담을 대신한 죽음, 즉 아담이 죽었어야 할 그 죽음을 죽으신 예수님을 '둘째 아담' 혹은 '마지막 아담'이라고 칭한다. 죽었다가 다시 사신 둘째 아담을 통하여 죽음의 천애계곡(天涯溪谷)에 처해 있던 우리가 부활 영생하는 것이 아니라, 주님의 부활과 영생에 참여하는 것이다. 죄와 사망 가운데 있던 우리가 예수를 믿고 스스로 살아나는 것이 아니라, 그리스도와 함께 십자가에 못 박혀 죽고 그리스도와 함께 다시 사는 것과 같다.

흙에 묻혀 자면서 "예, 예수님이 나 때문에 스스로 겪어 보여 주신 고난을 이제는 알겠습니다. 그 아픔과 고난을 저의 몸에 느끼고 채워가며 살겠습니다" 한 자와, "나는 그런 것 모릅니다. 누가 나 고통을 대신 져 주었다는 말입니까?" 하고 예수님의 체휼을 외면한 자들을 가리기 위하여 주님은 곧 오신다.

성도들은 두 강도와 나란히 십자가에서 못 박혀 고난당하시는 예수님의 죽음에 대해 심령이 가난하고 마음을 찢는 애통함이 있어야 할 것이다.

둥지

—

nest

교회는 둥지(nest) 같아야 한다고 생각한다. 겉으로는 수정처럼 차갑고 단단하고 번쩍거리는 모습이더라도, 안으로는 포근하고 따스하고 부드러운 둥지 같은 교회 말이다.

'둥지'라는 단어의 뜻은 '보금자리'이다. 옛날에는 시골집의 추녀 밑에 있던 제비집, 시멘트 교량 밑에 있는 새집, 또는 상당히 높은 나뭇가지 위에 지어 놓은 까치집들을 볼 수 있었는데, 이 모두가 둥지다. 겉에는 진흙을 물어다가 발라 딱딱하게 보호막을 만들고, 안쪽에는 마른풀이나 마른 나뭇잎, 부드러운 검불 같은 것들을 물어다가 포근하게 만들어 놓았다.

어미 새가 밖에서 먹이를 물어 오면, 새끼들은 둥지 안에서 기다리고 있다가 날개를 파닥거리면서 이를 받아먹으며, 어미 혹은 아비 구실을 할 수 있을 때까지 자라 간다.

어미 새들은 생명을 걸고 날개를 펼쳐 둥지 밖으로 날아가고, 또 둥지 안으로 날아든다. 새들의 언어적(言語的) 표현은 알 수 없으나, 둥지 안의 정경은 족히 느끼고도 남음이 있다. 둥지 안의 세계는 포근함, 안도(安堵), 기다림과 즐거움, 만족과 사명감이라고 표현할 수 있는, 어미와 새끼 날짐승들의 세계이다.

대개 '교회' 하면 먼저 교회론적인 이해와 교리적인 인식이 앞선다. 특히 오늘날 교회에 대한 이미지는 잘 지어진 건물, 극장 같은 예배당, 내부의 장식과 규모, 화려하고 의전적인 집회의 모습 등을 떠올린다. '가정 같은 교회'라고 하지만, 실제로 그러한 모습은 좀처럼 찾아보기 힘들다.

교회에 대하여 교회론이나 교리적인 설명보다는 시편 133편의 세 구절로 말하는 것이 둥지를 연상케 하는 가정 같은 교회일 것 같다.

[1]보라 형제가 연합하여 동거함이 어찌 그리 선하고 아름다운고 [2]머리에 있는 보배로운 기름이 수염 곧 아론의 수염에 흘러서 그의 옷깃까지 내림 같고 [3]헐몬의 이슬이 시온의 산들에 내림 같도다 거기서 여호와께서 복을 명령하셨나니 곧 영생이로다 _시 133:1-3

'형제가 연합하여 동거함이…' 연합, 즉 교회는 다양한 '형제'들의 모임인 것이다. 인종도 성품도 성격도, 얼굴 모양과 피부의 색깔도 다르고, 잘나고 못난 사람들이 모여 있다. 그러기에 연합이 필요하다. 모두가 평안하기 위하여 연합하여 자기 몸을 추스르고 움츠리며, '더불어'를 위한 희생과 헌신의 자기 책임을 감당하고 양보하며 공존하는 것이 동거이다. 이것이 그렇게 선하고 아름답다고 성경은 말한다. 여기에 세상의 기름진 풍요가 있고, 이것이 헐몬의 이슬과, 영생의 하늘나라의 복과도 이어진다는 것이다.

새벽 벽두에, 아직 젊은 나이에 바다를 사이에 두고 이역만리 사고무친(四顧無親)한 곳에서 거주 증명도 없이, 외로움과 수고의 늪에서 불치의 질병으로 애처롭게 세상을 떠난 박계화 자매가, 우리와 같이 지낸 기간은 짧으나 둥지 안에서 세상의 마지막 평안을 누렸기를 바라고 믿는다. 우리는 또한 더욱 기도에 애쓰고 힘써 둥지 교회가 되기 위해 노력하고 있다.

둥지(nest, nid)⋯. 포근함과 안도, 소박한 만족과 즐거움, 더불어를 위한 사명, 그리고 다가올 소망의 태반(胎盤), 곧 둥지 같은 교회가 오늘날 척박하고 분요한 세상을 사는 사람들이 바라는 교회일 것이다.

양피지

羊皮紙

버가모 교회는 소아시아의 일곱 교회 중 하나이다. 요한계시록 2장에서 사탄이 범람하는 이단의 세력 가운데서 죽음을 무릅쓰고 신앙을 지켜 온 일(안디바의 순교)로 주님으로부터 칭찬을 받은 교회이다. 그러나 타협적인 발람의 교훈을 따르는 자가 있어 책망을 받기도 했다.

버가모(Pergamon)라는 도시의 이름은 'Parchment'(양피지)라는 말에서 유래한 것이라고 한다. 버가모 교회 시대는 책이 양피지에 기록되었는데, 이 도시에 양피지에 기록된 책들이 무려 20만여 권이나 장서되어 있었다고 한다.

우리가 알고 있듯, 최초의 신약성경은 양피지에 기록되었다. 성경이 양피지에 기록된 일의 배경에는 역사적인 이야기가 있다. 종이(紙)와 인쇄술이 발달하지 않았던 당시에는 모든 서책(書册)을 두터운 파피루스에 일일이 손으로 기록해서 만들었다. 양피지는 파피루스의 대용지(代用紙)이다. '파피루스'(Papillote)는 애굽의 나일강 유역에서 자라는 갈대(紙草)로 만든 두루마리 종이를 말한다. 파피루스는 애굽의 국유화된 전매품으로, 당시 애굽의 국가 수입의 대종(大宗)을 이루었다고 한다.

애굽의 찬란한 영광 중의 하나는 알렉산드리아의 유명한 도서관이었다. 이 도서관의 사서(司書)가 그 유명한 학사 비잔티움(지금의 이스탄불)의 아리스토파네스였다. 당시 버가모의 왕이었던 유메네스(Eumenes)가 아리스토파네스를 버가모로 불러들이려고 꾀었다. 당시 버가모는 상업적으로 자랑할 것은 없었으나, 수 세기에 걸쳐 고대 도시들 중에 가장 오랫동안 정치, 사회, 학문적 수도로서 자부심을 가지고 처신하여 왔다. 이런 까닭에 버가모의 명성을 높이기 위해 유명한 사서 아리스토파네스를 위촉하려고 한 것이다.

이것을 알게 된 애굽의 왕 프톨레미는 아리스토파네스가 가지 못하게 하려고 그를 감옥에 가두어 외부와의 접촉을 단절시키고, 동시에 버가모와 교역하던 파피루스의 유출을 봉쇄해 버렸다. 이 때문에 서지(書紙)가 떨어진 버가모에서 어려움을 겪으며 개발해 낸 것이 양피지였다는 것이다.

양피지는 양의 가죽을 펴서 말린 것인데, 오늘날 우리에게 전해

여행지에서 사모와 함께.

져 내려온 신약성경은 이 양피지에 기록된 것이다. 양피지에 기록
된 성경은 전쟁과 자연재해 등 장구한 세월의 흐름으로 소멸될 뻔
한 위기를 이겨내면서 후대에 전해져 왔다. 버가모 교회는 파피루
스의 핍절을 통해서 귀한 양피지를 만들어내므로 말씀 보존의 일
익을 한 것이다. 이곳에 세워진 버가모 교회도 목숨을 버리며 핍
박을 이겨낸 교회이다.

  지금 나는 정규 예배 설교는 하지 않지만 매주 토요일 새벽기도
회에서 말씀을 전하고, 또 외부의 요청을 받아 주일 설교도 종종

하고 있다. 토요일 새벽 설교는 평일보다 조금 길게(약 25분 정도) 한다. 이제까지 4년 동안 나의 새벽 설교 시간에 대해서는 이의가 없어 양해된 은혜의 시간으로 받아들여 왔으나, 앞으로는 평일처럼 설교 시간을 15분 정도로 줄일까 생각하고 있다.

정규적인 설교는 하지 않지만, 나는 설교를 한 주에 한 편씩 준비한다. 설교를 준비하는 것은 힘든 일이지만, 이를 통하여 무한한 유익과 기쁨을 얻는다. 15분 설교를 위해 적어도 30분 넘게 기도하고 묵상해야 하며, 몇 시간씩 경건에 집중해야 하는 기쁨과 영적 유익이 있기 때문이다.

그동안 나는 설교를 준비하면서 초안을 잡을 때, 더러는 우편으로 배달되는 상업 광고지의 뒷면 백지(白紙)를 사용했다. 나에게는 가난하던 시절, 국민(초등)학교부터 대학 시절까지 공책 한 장도 찢지 않고 낭비하지 않으며 아껴 오던 버릇이 있다. 군대 생활에서도 경비 절약을 위하여 뒷면 백지 사용을 권장하기도 하였다. 그 습성이 지금도 남아 있어 그런지, 뒷면이 백지인 상업 광고지가 아까워 버리지 못하고, 설교 초안을 잡을 때 그것을 여러 차례 사용한 것을 기억한다.

내핍 정신을 나무랄 수는 없다. 그러나 상업 광고지 뒷면에 쓴 초안이 아무리 완벽하다 할지라도 그것을 깨끗한 설교 용지에 베껴 썼어야 한다. 그런데 나는 내핍을 핑계하여 상업 광고지 뒷면 백지에 쓴 설교문을 새 종이에 옮겨 쓰는 정성이 모자랐던 적이 있었다. 하나님께 드리는 제물로서는 흠이 아닐 수 없다. 핍절을 핑계로 거룩을 훼손할 수는 없는 일이다. 특별히 이 핍절의 시대에 모든 거민(居民)들이 파피루스를 이어서 양피지를 만들어낸 것과 같이, 앞으로 새것을 창출해내는 적극 정신을 견지해야 할 것이다.

지금 세계적으로 금융의 침체가 다가오고, 금융의 침체가 이미 실물경제에 위기를 몰아오고 있다. 한국, 미국 할 것 없이 작은 비즈니스에까지 도산의 위기가 몰려오고 있음을 본다. 우리가 거주하는 작은 도시에도 문을 닫은 식당들이 눈에 띄게 늘었다. 이 핍절의 고통을 어떻게 이기고 헤쳐 나갈 것인가?

학술적인 논리와 경험적인 체험의 모델이 많이 있을 것이다. 편하고 쉬운 것만을 추구하는 현대인들이, 삶의 선진들과 믿음의 선진들이 지혜로 헤쳐 갔던 길의 유익한 흔적들을 들춰 보면 어떨까?

위기는 기회라고 한다. 무(無)에서 유(有)를 구하는 자세가 필요하다. 그렇다면 먼저 하나님을 향하여 그의 나라와 그의 의를 구하고, 핍절의 고통 속에서 유(有)를 얻기 위한 지혜와 노력을 발휘해야 할 것이다. 이 핍절의 시대에, 하나님을 경외하는 데서 찾고 박해를 이겨냈던 버가모에서 세상에서 찾아지지 않는 지혜를 배워야 하지 않겠는가?

- 2009년 9월 5일 22시 45분

강단 퇴출

講壇退出

그동안 이름난 목사들의 설교 표절, 호색 행각, 금전 문제 등으로 자신들이 섬기던 교회를 떠나는 사례들을 더러 보아 왔다. 모두 유창한 설교자였고 대형 교회의 담임이며, 그 품량(品量)이 대단한 분들이었다. 그러나 알려진 알려진 이름과는 반대로 권위와 신뢰가 떨어지고, 목회자로서의 거룩성이 검은 땅에 실추되어 빛이 바래고 말았다. 그들이 하나님의 말씀이 아니라 세상 이야기를 전하다 보니 이렇게 되었을 것이다.

구약의 선지자들은 모두 하나님의 말씀을 신실하게 전하였다. 구약성경의 여러 곳에서 "나는 너의 하나님 여호와로라. 나 여호와 너의 하나님이 말하였노라. 나 여호와, 너희를 애굽으로부터 구하여낸 여호와가 말하노라"와 같은 구절이 수없이 발견된다.

하나님의 말씀이니 들으라는 것이며, 이렇게 말씀하신 이는 하나님이라는 것이다.

400여 년간 애굽에서 종살이한 이스라엘 백성은 불신이 몸에 익었고, 매사에 반항적이고 불순종하는 노예 근성에 찌들어 있었다. 이런 그들을 위하여 하나님께서 하신 일과 주신 말씀을 그들이 심금에 받아들이게 하기 위하여, 하나님의 말씀을 듣고 믿으라고 강조하셨다.

필자가 섬기는 교회에서 한 부흥강사를 초청했는데, 마침 그때 교회가 불이 나는 바람에 새로 지은 다른 교회로 장소를 옮겨 부흥회를 하였다. 한국 서울에서 초청되어 온 부흥강사는 서울에서 이름난 목사였다. 땅에 떨어진 목사의 권위를 높이려는 안타까운 심정을 이렇게 토해냈다. "여러분, 목사의 말은 하나님의 말로 듣고 순종하세요." 그래야 교회가 부흥한다는 것이다. 첫날의 설교는 이러하였다. 강단 위에서 좌우로 왔다 갔다 하면서 설교를 했는데, 설교의 절반은 설교가 아닌 교인 세뇌 작업 같았다.

"여러분, 목사가 설령 막걸리 병을 들고 다녀도 우유병으로 알고 믿으세요. 목사가 묘령의 여자와 호텔에서 나오는 것을 보더라도 신앙 상담을 한 것으로 여기세요. 설교 강단에 올라가 설교하고 있는 목사의 와이셔츠에 빨간 루주가 묻었더라도 사모님의 것으로 여기세요. 이만큼 목사를 신뢰를 하세요. 성도들이 목사를 믿어야 목사의 권위가 서고 교회가 든든해지지 않겠어요? 여러분, 아멘 아니에요?"

부흥강사가 이렇게 큰 소리로 외쳤다. 교인들은 웃고 함성을 지르며 "할렐루야, 아–멘" 하고 외쳤다.

좋은 의도로 설교하는 목사가 왜 그 같은 패설(悖說)을 토해내는가! 신령해 보이던 그 부흥사에게서 퇴폐적인 체취가 물씬 풍겨 나왔다. 그게 할렐루야 하고 아멘을 외칠 일인가? 성도에게 맹신과 맹목적인 순종을 주입하고 길들여 놓으려는 것이지, 다른 것이 아니었다.

그 다음 날, 새벽기도회의 설교에서 나는 이렇게 외쳤다.

"성경책이 들려 있어야 할 목사가 왜 막걸리 병을 들고 다니며, 그걸 왜 우유병으로 여겨야 합니까? 여자가 상담을 하려면 교회의 상담실에서 할 일이지, 왜 호텔에서 나오는 것을 상담한 것으로 여기라는 것입니까? 거룩한 주일에 설교하러 강단에 올라간 남편 목사의 와이셔츠에 빨간 루주를 묻힌 채 강단에 올라서게 하는 사모가 어디 있습니까? 여러분 그런 패설을 듣고 '아멘, 할렐루야' 하면 하나님의 이름을 망령되이 부르는 것과 같습니다."

이로 인하여, 나는 멀리서 비용을 들여 초청하여 온 유명 강사를 비난하였다는 이유로 설교 강단에서 퇴출되어, 더 이상 그 교회에서 설교할 수 없게 되었다.

의를 위하여 핍박을 받으면 복이 있다고 하였는데, 나는 이때 그 교회를 떠나, 아무도 가지 않던 멕시코 빈민 거주 지역에 가서

4년간 빈민 선교에 헌신하고 67세에 은퇴하였다. 은퇴 후에도 담임한 교회는 없었으나, 86세인 지금까지 쉼 없이 설교의 자리에 서 있으며, 기독 언론과 시중 일간지 등에 신앙의 글을 쓰고 있다.

목사는 미래의 일을 말하는 예언자가 아니라 하나님의 말씀을 맡은 예언자이며, 이를 선포하는 설교자이다. 다른 것은 다 못 하고 서툴지라도, 하나님이 주신 말씀을 맡은 자로서 오로지 그 말씀을 전하면 되는 일을 어렵게 하려다 보니 이설(異說)을 퍼뜨리고 넘어지게 된다. 그래서 하나님의 말씀을 전하는 일은 어렵고 두려운 것이다. 마음을 잘 다스리는 말씀의 종은 맡은 말씀의 궤도를 잘 지키면 된다.

과속 세월

2012년을 맞이한 지도 벌써 한 달이 훨씬 지났다. 세모를 당하면 모든 사람들이 다사다난했던 묵은 해가 가고 새로운 한 해가 다가온다고들 하지만, 우리 인생들에게 새해란 없다. 다만 우리에게 남은 날 중의 한 해가 다가오는 것뿐이다. 지난 한 해를 돌아보아도 그렇고, 이제까지 살아온 나날들을 돌이켜보아도 그렇고, 그세월은 마치 하루가 지난 것처럼 빨리도 흘러가 버렸다. 세월 가는 것이 더디고 지루한 것 같은 때도 있었지만, 그래도 역시 세월은 빨리 흘러간다. 성경에서도 세월은 빠르다고 말하고 있다. 출애굽을 주도한 위대한 지도자 모세의 고백이다.

9우리의 모든 날이 주의 분노 중에 지나가며 우리의 평생이 순식간에

2부 | 교회를 위한 마음

다하였나이다 ¹⁰우리의 연수가 칠십이요 강건하면 팔십이라도 그 연수의 자랑은 수고와 슬픔뿐이요 신속히 가니 우리가 날아가나이다

_시 90:9-10

대표적인 고난의 사람 욥은 "나의 날이 경주자보다 빨리 사라져 버리니 복을 볼 수 없구나 그 지나가는 것이 빠른 배 같고 먹이에 날아내리는 독수리와도 같구나"(욥 9:25-26)라고 세월의 빠름을 탄식하였다. 야고보 사도는 "내일 일을 너희가 알지 못하는도다 너희 생명이 무엇이냐 너희는 잠깐 보이다가 없어지는 안개니라"(약 4:14)며 빨리 가는 인생의 덧없음을 술회하였고, 다윗은 시편 103편 15절에서 "인생은 그날이 풀과 같으며 그 영화가 들의 꽃과 같도다"라고 하였다. 이사야 선지자와 베드로 사도도 "모든 육체는 풀과 같고 그 모든 영광은 풀의 꽃과 같으니 풀은 마르고 꽃은 떨어지되"(벧전 1:24; 사 40:6-8)라고 하였다. 이 모든 말씀은 인생의 덧없음과 부질없음을 술회한 경구들이다. 우리 한국의 속담에도 인생을 가리켜 "세월이 유수(流水)하고 여류(如流)하니 일장춘몽(一場春夢)이다"라는 말이 있다. 빠르게 지나가는 세월을 붙잡아 놓을 수도 없고, 또한 그 지나가는 속도를 늦출 수도 없다. 그것이 세월이다.

창세기 1장 14절에 기록된 바대로, 하나님께서는 궁창에 광명이 있게 하시고 주야를 나누어, 그 광명으로 징조와 사시와 일자

와 연한을 이루게 하셨다. 이것은 인류의 역사를 이루어가는 바탕이며 인간에게 소유할 수 없게 주어진 무형의 자산(資産)이므로, 우리 인생은 그 세월의 가운데에 연유하고 있는 것이다. 우리는 성경에서 이렇게 소유할 수도 없고, 흐름을 늦출 수도 없고, 붙잡아 놓을 수도 없는 세월을 사는 지혜를 배운다.

사도 바울은 에베소서 5장 16-17절에서 "세월을 아끼라 때가 악하니라 그러므로 어리석은 자가 되지 말고 오직 주의 뜻이 무엇인가 이해하라"고 했다. 그는 디모데후서 4장 6절 이하의 고백과 같이 주님의 뜻이 무엇인지를 이해하고는, 세상의 모든 좋은 것들을 버리고 오직 주의 뜻을 따라 선한 싸움을 다 싸우고 달려갈 길을 다 달려 믿음을 지켰다. 그는 자신이 떠나갈 기한이 가까운 것까지 알고 세월을 아끼고 계수하며, 위대한 삶을 살았다.

7나는 선한 싸움을 싸우고 나의 달려갈 길을 마치고 믿음을 지켰으니 8이제 후로는 나를 위하여 의의 면류관이 예비되었으므로 주 곧 의로우신 재판장이 그날에 내게 주실 것이며 내게만 아니라 주의 나타나심을 사모하는 모든 자에게도니라 _딤후 4:7-8

이 고백에는 세월의 무상함과 부질없음과 덧없음을 내비친 것이 한마디도 없다. 오히려 빠른 세월의 무상함에 주눅이 든 인생들에게 영원한 하나님의 영광에 소망을 두라고 고무하고 있다.

다음 말씀도 빠르고 악한 세상을 경계하라고 일깨우고 있다. 이스라엘 민족의 출애굽에 온 생애를 바친 모세는, 앞에서 말한 것처럼 시편 90편 10절에서 세월과 연수의 무상함을 탄식한다. 그러다 이어 12절에서는 "우리에게 우리 날 계수함을 가르치사 지혜로운 마음을 얻게 하소서"라고 간구한다. 악한 세상, 빠른 세월, 안개처럼 사라질 인생에 대한 해답이, 주의 뜻이 무엇인지 이해하고 주의 뜻을 위하여 세월을 아끼며 남은 날을 계수하며 달려가는 데 있다는 말이다. 또한 이것이 빠른 세월과 안개처럼 사라지는 인생을 영원으로 사는 지혜라는 것이다.

창조주 하나님의 뜻을 이해하고 그 뜻을 따라 살아가는 인생과 세월은, 강물처럼 흘러가 없어지거나 사라져 버리는 세월이 아니다. 오히려 하나님과 더불어 같이하는, 영원에 이어지는 은혜의 세월이며 머물러 있는 시간이다. 처음과 나중이신 하나님과 같이하는 시간은 그 순간이 영원이며, 곧 '카이로스'(Chairos)이다.

어떤 시계에는 아주 작은 글씨로 'Chronometer'라고 쓰여 있다. 평면적으로 흘러가는 세상적인 시간을 '크로노스'(Chronos)라고 한다. 우리가 사용하는 시계(Chronometer)는 남은 시간을 재는 것이 아니라 세상적으로 지나간 시간을 가리키는 데 의미가 있고, 이는 곧 허무를 나타낸다.

하나님과 만나는 시간은 영원으로 멈춰질 수 있으나 세상과 만나는 시간은 멈춰질 수 없으며, 지나가되 그것도 빨리 지나가 버린다. 세월의 흐름이 더 빨라지거나 아니면 더 늦추어지는 것도 아닌데, 이 세대가 세월의 흐름을 재촉하고 있는 것은 분명하다. 세월이 과속하고 있는 것이다.

아침에 눈을 떠서 일어나 창문 밖을 내다보니 온 세계가 하얀 눈에 뒤덮여 있었다. 오늘 새벽에는 어째서 그랬는지 자명종이 울리지 않았다. 시계를 보니 새벽기도회에 늦었다. 그래도 나가야지…. 어제는 오후부터 비가 쏟아졌는데, 해 질 무렵에는 폭설로 변했다. 그것을 보고 '이대로라면 내일 새벽에는 하얀 눈으로 모든 길이 막히겠구나. 그래도 새벽기도회에는 가야지. 이런 때일수록 나가야지…' 하면서 자리에 누웠다.

새벽기도회에 나가는 것은 빠른 세월을 사는 나에게 세월을 아끼고 주님의 뜻을 이해하며 달리는 하룻길의 첫걸음이요, 이날껏 달려온 길이다. 그것은 또한 내가 깨어 있는 표징이기도 하고, 신속히 지나가는 세월을 붙잡는 일이기도 하다.

눈이 쌓이고 날씨가 몹시 차갑고 길이 막히는 등의 이유로, 내가 달려가는 오늘이라는 하룻길의 첫 발걸음을 멈추고 하루 아침의 기도 시간을 놓친다면 그날 하루를 다 놓친 것이나 다름이 없다. 이런 일로 인하여 달려갈 길을 멈춘다면, 언제일지도 모르게 신속히 다가올 3년 반과, 그 환난 때의 험한 길을 어떻게 주님의 뜻을 따라 끝까지 달려갈 수 있겠는가. 우리도 이처럼 미리 자문해 보고 다짐하고 깨어 있어서, 주님의 뜻을 이해하고 세월을 아껴 남은 날을 계수하며 달려가야 한다.

그렇다면 어디를 향해서 달려야 한단 말인가. 미국뿐만 아니라 온 세계가 경제공황의 수렁으로 빠져들고 있는 이때에, 북핵 문제, 중동의 분쟁, 미국의 안보관 현실과 국익관, 한국의 사이버 정치 패러다임 등으로 혼란하다. 세계는 어느 방향으로 달리는 세월에 몸을 싣고 있는 것일까? 그동안 그렇게 빨리 화살처럼 흘러간 세월 가운데에서 내가 살아온는 날들 동안, 할 일 많은 이 세상에서 나는 얼마나 주님의 뜻을 이해하고 따라왔는가? 정녕 안개처럼 사라지고 풀과 같이 마르고 꽃과 같이 떨어지고 말았는가?

이 오만하고 불손하며 나태하고 분요(紛擾)하기만 한 세대 가운데에서, 세월은 과속을 더한다. 우리들이 인생의 남은 날을 계수하고 지혜의 마음을 얻는 데에서 성령님의 지로(指路)하심이 있기를 마음속으로 간구한다.

이러한 때에 누구를 믿고 어떤 지도자를 따라가야 하는 것일까? 이런 시대를 살아가는 우리는 오직 한 분, 우주의 왕이신 그리스도 예수를 붙잡고 과속하는 그 세월을 붙잡으며, 부지런히 믿음의 길을 달려가야 할 것이다.

- 2012년 2월 19일

믿음 경주의 인도자

히브리서 12:1-2

로마제국이 세계를 지배하던 시대(Pax-Romana)에도 오늘날의 올림픽과 같은 운동경기가 있었다고 합니다. 당시 패권을 누리던 로마제국은 그들이 정복한 여러 식민지 속국을 보다 효과적으로 결속하고 지배하기 위하여, 식민지 속국 간에 운동경기를 실시하여 그중에서 뽑힌 가장 우수한 팀이 종주국인 로마제국 팀과 결승전을 치르게 하였습니다.

나라를 빼앗기고 식민지 지배를 받으며 암울한 시대를 살던 식민지국들은, 자신들을 지배하는 종주국 로마제국에 대한 최상의 항거 방법과 명예가 운동경기에서 로마제국과 결승을 겨루는 것이라고 생각하고 운동경기에 열을 올렸다고 합니다. 그러나 로마제국은 자국 팀에게 거듭 강훈련을 시켜, 어떻게 해서든지 식민

지속국 팀을 격파하고 제압하여 종주국으로서의 지배력을 과시
하고 식민지 통치를 이어갔다고 합니다. 당시 로마제국의 식민지
로 본디오 빌라도의 통치하에 있던 이스라엘에서도 이와 같은 운
동경기가 시행되었습니다. 그런데 한 가지 이상한 것이 있습니다.
로마제국의 이스라엘 식민지 통치사에 본디오 빌라도의 이름이
기록되어 있지 않다는 점입니다.

예수님의 십자가 처형과 부활 사건 이후, 교회가 세워지고 복음
이 전파되면서 사도들의 신앙고백이 줄기차게 퍼져 나가자, 로마
제국은 한때 종교적인 두려움과 번민에 휩싸였습니다. "이는 성
령으로 잉태하사 동정녀 마리아에게서 나시고, 본디오 빌라도에
게 고난을 받으사 십자가에 못 박혀 죽으시고, 장사한 지 사흘 만
에 죽은 자 가운데서 다시 살아나시며, 하늘에 오르사 전능하신
하나님 우편에 앉아 계시다가, 저리로서 산 자와 죽은 자를 심판
하러 오시리라…"라는, 영원히 저주스러운 고백을 듣기가 두려웠
던 것입니다. 그래서 그들은 "우리 로마제국의 이스라엘 식민지
통치사에서 보면, 본디오 빌라도라는 사람이 이스라엘의 총독으
로 재임한 사실이 없다. 그것은 잘못된 터무니없는 전설이다. 사
도들의 신앙고백은 하나의 조작된 신화의 전설에 지나지 않는다"
라고 했다는 것입니다.

후일 성서 고고학자들에 의하여 이스라엘의 북부 가이샤라 빌
립보 지방에서 운동경기장이 발굴되었는데, 그 경기장에서 고관

의 관람석으로 추정되는 좌석에서 본디오 빌라도라는 이름이 발견되었습니다. 이로써 본디오 빌라도는 실재했던 인물이며, 이스라엘의 총독으로 재임했던 사실이 증명되었다고 합니다.

사도 바울과 히브리서의 기자는 당시의 운동경기에 특별한 관심을 가졌던 것으로 추정됩니다. 나라를 빼앗기고 암울한 시대를 살면서 시름을 풀 길이 없어 운동경기에 열중하는 식민지 백성들을 보고, 그들의 마음을 끌기 위하여 서신서를 기록할 때 운동경기 용어를 사용한 일면이 있기 때문입니다. 고린도전서 9장 27절에서 '내 몸을 쳐서 복종하게 한다'라는 것은 당시 흥행하던 격투 경기에 사용되던 용어이고, 사도 바울의 마지막 서신서인 디모데후서 4장 7절에서 "선한 싸움을 싸우고 나의 달려갈 길을 마치고"라는 것도 마라톤 경주의 용어입니다. 본문 1절의 "우리 앞에 당한 경주를 하며" 역시 달리기의 용어입니다.

오늘날 국가 간에 친선을 도모하기 위하여 시행되는 올림픽 경기의 기원이 마라톤이라는 것은 모두 다 아는 일입니다. 세계의 패권이 동방에서 서방으로, 바벨론에서 메대, 바사(페르시아), 헬라(그리스), 로마로 옮겨 오던 시대인 주전 492-479년 사이에, 페르시아 제국은 세 차례에 걸쳐 그리스를 침공하였습니다. 페르시아 왕은 30만의 대군을 이끌고 그리스 원정에 나섰습니다. 지중해와 에게해, 그리고 그레데섬 앞바다의 삼면의 바다로, 그리스의 반도를 에워싸고 쳐들어갔습니다.

자유와 평화를 누리던 그리스가 국가의 존망 위기에 처하자, 전 국민은 그들의 나라를 지키기 위하여 일치단결하여 결사의 각오로 페르시아 군을 맞아 싸웠습니다. 밀티아데스 장군의 지휘하에 그리스 군은 드디어 마라톤 평원에서 페르시아 군을 대파하여 바다로 몰아내고 승리를 거두었습니다. 피로 물들고 죽음과 같은 적막이 흐르는 마라톤 평원의 상공에는 그리스 기가 바람에 휘날리고, 부상당한 병사들은 그 밑에서 신음하고 있었습니다.

　이때 한 무명의 병사가 그리스의 국민과 지도자에게 승리의 소식을 전하기 위해 그리스의 수도 아테네를 향하여 달렸습니다. 승리의 소식을 전하는 것도 전쟁에서 이기는 것만큼이나 중요했기 때문입니다. 그는 이미 전쟁으로 지쳐 있었을 뿐 아니라 부상을 당하였을지 모르는데도 불구하고, 꼬불꼬불하고 언덕진 오르막길, 가파른 비탈길, 때로는 내리막길, 끝이 안 보이는 길을 죽을힘을 다하여 달렸습니다. 두 다리는 픽픽거리고 입과 목은 말라 흰 거품을 내뿜으며, 헐떡거리는 숨을 내몰아 쉬면서 아테네를 향하여 달렸습니다. 목이 갈하다고 도중에 민가에 들러 물을 얻어 마시지 않았고, 두 다리가 픽픽거린다고 가던 길을 멈추지도 않았습니다. 오직 인내로써 그가 가야 할 길을 달렸습니다.

　쓰러질 듯 쓰러질 듯 숨을 헐떡거리면서, 그는 드디어 아테네 의회의 문턱에 들어섰습니다. 그러고는 "그리스 만세! 우리가 이겼다. 우리는 살았다!"라며 종전의 소식을 전하고 쓰러졌습니다.

그는 끝까지 인내로 달린 것입니다. 그에게는 그리스 최고의 훈장이 서훈되었고, 그의 업적은 오늘의 올림픽 경기로 기념되고 있습니다. 인내로써 그 길을 달린 결과였습니다. 그가 마라톤 평원으로부터 아테네까지 달린 거리가 26마일 285야드, 오늘날 올림픽 마라톤 경주의 규정 거리(42,195km)입니다.

히브리서 본문 1절을 읽어 보면, 마치 많은 운동선수와 응원단원들이 모여 있는 운동경기장에 와 있는 듯한 느낌을 받습니다.

> 이러므로 우리에게 구름같이 둘러싼 허다한 증인들이 있으니 모든 무거운 것과 얽매이기 쉬운 죄를 벗어 버리고 인내로써 우리 앞에 당한 경주를 하며 _히 12:1

응원단원들로 비교되는 증인들은 단순한 응원단원이 아닙니다. 이미 이 경주를 마친 사람들, 이 경주를 어떻게 달려야 하는지를 아는 사람들, 이 길을 달리기 위하여 죽기까지 한 사람들(증인), 즉 우리들을 앞서간 신앙의 선배들을 말합니다. 이분들이 하늘에서 경주장에 나와 있는 우리들을 내려다보며 외치고 있습니다. 무거운 것과 얽매이게 하는 죄를 벗어 버리고 이 코스를 달려야 한다고 말입니다. 응원인 것이지요.

여기서 말하는 무거운 것들이란 재물과 명예, 권세일 수도 있습니다. 길을 달리는데, 쌀가마나 돈궤를 짊어지고서는 달릴 수 없습니다. 별 계급장이 달린 군인의 정복이나 관헌의 예복을 입고도 달릴 수 없습니다. 얽매이게 하는 것은 죄입니다. 의의 하나님을 향해서 가는 길을 죄를 안고 달려갈 수 없습니다. 죄를 심판하시는 하나님께 가는 길을 죄를 지고 갈 수 없는 것입니다.

지명수배된 죄수가 운동복을 입고 경기장에 나타나면 현장에 배치되어 있는 경찰관에 의해 당장 붙잡히고 맙니다. 그밖에 근심, 증오, 낙심 등등, 짐이 되고 얽매이게 하는 것을 몸에 지니는 일은 경주에 합당하지 않습니다.

경주할 때, 크고 작은 나의 모든 재물은 어딘가 안전한 곳에 맡겨야 합니다. 도둑도 들지 않고 좀이나 동록이 해치지 않는 하늘나라 창고에 쌓아 두어야 할 것입니다(마 6:20). 성경은 또 모든 염려는 주께 맡기고(벧전 5:7), 짐이 되는 것들은 여호와께 내려놓으라고 하였습니다(시 55:22). 그 짐은 하나님이 날마다 져 주신다고 시편 68편 19절에서 말씀하고 있습니다. 그뿐만 아니라, 얽매이게 하는 죄는 하나님께 자백하면 된다고 했습니다.

만일 우리가 우리 죄를 자백하면 그는 미쁘시고 의로우사 우리 죄를 사하시며 우리를 모든 불의에서 깨끗하게 하실 것이요 _요일 1:9

본문 1절 하반절을 보면, 이 경주는 또한 '당한 경주'라고 하였습니다(the race that is set before you). 이 경주는 우리가 달려도 되고 안 달려도 되는 선택적인 것이 아니라, 반드시 달려야 하는 경주라는 말입니다. 우리 인생을 믿음의 경주라고 표현하였을 때, 그 인생은 살아도 되고 안 살아도 되는 선택적인 것이 아니라, 필연적으로 살아가야 하는 것입니다. 이러한 인생의 경주는 안이하거나 수월하지 않습니다. 수없이 많은 장애물과 시련과 난관과 어려움이 도사리고 있습니다. 그러므로 본문은 인내로써 달려야 한다고 말합니다. Let us run with patience…. 인내는 용기의 첫걸음이라고 합니다. 마라톤 평원에서 아테네까지 달려간 무명의 병사처럼, 인내로써 이 인생의 신앙 경주를 달려가야 합니다.

모든 경기는 현장 경기와 코스(course) 경기가 있습니다. 현장 경기는 축구, 배구, 테니스 등처럼 일정한 장소에서 실시됩니다. 현장 경기에는 경기장 주변에 모여든 관중과 응원단이 있고 박수와 갈채가 있으며, 중간에 휴식 시간(break time)이 있습니다. 때로는 선수의 교체도 있습니다. 해 볼 만한 경기입니다. 그러나 코스 경기인 마라톤 경기는 이와 다릅니다.

사도 바울이나 히브리서 기자가 신앙생활을 코스 경기인 마라톤 경주에 비견한 것은 참으로 적절하고 깊은 의미가 함축되어 있습니다. 마라톤 경주에서 선수가 출발점에서 현장을 떠나 본격적인 경주 코스에 들어서면, 거기서부터는 응원단도 없고 박수와 갈채도 없으며, 중간의 휴식도 없습니다. 또한 선수 교체도 없으며, 축구나 농구처럼 선수끼리 몸을 부딪치는 몸싸움도 없습니다. 다만 앞을 향하여 달려갈 뿐입니다. 꼬불꼬불한 언덕길, 가파른 비탈길, 더러는 내리막길, 목표 지점이 보이지 않는 길을 외로이 달려갑니다. 외로운 경주입니다.

교회가 신앙 경주의 현장 경기장이라면, 우리들의 삶의 현장은 신앙 경주의 외로운 코스에 해당합니다. 여기에는 인내가 필요합니다. 인내하고 또 인내해야 하는 경주입니다.

그러나 모든 경주가 다 인내로써 끝까지 이루어지는 것은 아닙니다. 인내는 인간 능력의 한계 안에 있습니다. 아무리 좋고 선한 목표, 정당한 목표를 세웠다 할지라도, 중도에 인내가 한계에 부딪혀 그 목적이 이루어지지 않는 때가 있습니다. 우리 모두 그러한 경험이 더러는 있을 것입니다. 우리 앞에 당한 인생의 신앙 경주가 인내의 한계에 부딪쳐 도중에 중단된다면 그 인생도 중도에서 비극으로 끝납니다. 신앙 경주의 마지막에 면류관의 상은 고사하고 파멸과 멸망으로 끝나고 말 것입니다. 이때를 위하여 구름과 같이 허다한 증인들이 위로부터 응원의 소리를 소리 높여 외칩니다.

믿음의 주요 또 온전하게 하시는 이인 예수를 바라보자 그는 그 앞에 있는 기쁨을 위하여 십자가를 참으사 부끄러움을 개의치 아니하시더니 하나님 보좌 우편에 앉으셨느니라 _히 12:2

우리와 똑같은 인간으로 오신 예수님은 떠나온 하늘나라 보좌로 돌아가기 위하여, 달려가는 세상 길에서 온갖 멸시와 천대, 박해와 핍박, 생명의 위협과 십자가의 길을 달리셨습니다. 십자가는 수치와 고통과 죽음입니다. 예수님은 그 십자가를 개의치 않고 고통을 참으시고, 십자가를 넘어 부활의 무덤에까지 그 길을 달려서 하나님의 보좌 우편에 앉으신, 그리하여 우리를 온전케 하신 분입니다. 이 예수를 바라보라는 것입니다.

소련의 반체제 작가이자 노벨문학상을 탄 솔제니친이 시베리아 강제 노동 수용소에 수용되었을 때의 일화입니다. 연일 고된 강제 노동으로 탈진 상태에 빠져 있던 솔제니친은 그날도 모래주머니를 나르는 일에 동원되었습니다. 아침부터 무거운 모래주머니를 나르던 그는 더 이상 견딜 수가 없었습니다. 인내에 한계가 온 것입니다. 모래주머니를 어깨에 메고 비틀거리던 그는 그만 길바닥에 넘어지고 말았습니다. 모래주머니가 터져 모래가 쏟아졌고, 그는 쓰러져 정신을 잃어갔습니다. 이것을 본 감시병이 가죽 채찍을 들고서 그를 향해 다가왔습니다.

솔제니친의 뒤를 따라가던 죄수가 감시병이 오기 전에, 솔제니친 앞에 쏟아진 모래 위에 자기가 들고 있던 삽으로 찍어 십자가를 그렸습니다. 정신을 잃어가며 쓰러져 있던 솔제니친은 이 십자가를 보고는 벌떡 일어나, 다른 모래주머니를 어깨에 메고 그 자리를 떠났습니다. 그가 모래 위에 그려진 십자가를 통해, 머리에는 가시관을 쓰고 양손과 양발에는 못이 박히고, 허리는 창에 찔려 피를 흘리고 계시는 예수를 바라본 것입니다.

"오 주님! 저는 모래주머니를 지고 쓰러져 있는데, 주님은 십자가를 지고 계시는군요! 저는 이마에 땀을 흘리고 넘어졌는데, 주님은 피를 흘리고 계시는군요! 그러하오나 저는 더 이상 견딜 수 없으니 저를 도와주십시오."

피를 흘리면서도 개의치 않고 십자가를 지고 계신 예수를 향한 이 경이로운 고난의 탄식, 감동의 힘, 경탄과 감격, 소망의 호소 (lament of sigh, passion, outburst, petition)를, 주님을 향해서 목이 메게 쏟아내고 있는 것입니다. 이러한 우리를 향해 주님은 사랑, 즉 자비의 능력으로 다가오십니다. 이것은 우리 인간들의 인내의 힘이 아니라 하나님의 사랑이며, 십자가의 능력입니다.

만일 우리가 인내의 한계에 부딪쳐 예수를 바라보았다 할지라도 이같은 절박한 내면의 표출이 없다면, 이것은 예수를 바라보았다고 했으나 예수를 바라본 것이 아니라 다른 것을 바라본 것입니다. 예수를 바라본다고 했으나, 십자가 위의 예수가 아니라 부활하신 예수만 바라보았을 것입니다.

우리가 선한 목표와 천국의 본향을 향하여 달려가는 길에서 더 이상 나갈 수 없는 한계에 이르렀을 때 십자가 위의 예수를 바라보고, 심중으로부터 표출되는 각양의 단식(various outburst from the bottom of our heart)을 노래로 맞춘 것이 지금 헌신예배를 드리는 임마누엘 성가대의 찬양이며 찬송이고, 오케스트라(orchestra)

가 되어야 합니다.

그러므로 찬양과 찬송의 정수(essence)는 내가 생사의 한계에 섰을 때의 죽음이며, 부활이신 십자가를 지신 예수를 바라보고서 하는 경이로운 소망과 탄식, 감동과 경탄과 감격이어야 합니다. 감동과 감격도 없이, 고난에 대한 탄식과 호소도 없이, 편안한 상태에서 모여 앉아 악보 상에 나타난 여러 가지 기호, Pianissimo, Allegro, Andante, Moderato 등을 보며 목소리를 가다듬고 소리를 맞추며 멜로디를 부르는 것은, 음악은 될지언정 찬양이 될 수 없습니다. 여기에 기능은 있을지 모르나, 뜨거운 생명의 본질(essence)이 없기 때문입니다.

저는 그동안 성가대가 헌신하는 모습을 더러는 가까이서 더러는 멀찌감치서 보아 왔습니다. 제 집사람이 성가대에 선 모습이 그렇게 아름다워 보였습니다. 그래서 주일 예배 때에 찬양 순서가 되면 제 아내를 보기 위하여, 좀 쑥스럽지만 성가대석을 바라봅니다. 그런데 거기에서 제 아내의 아름다운 모습만 보이는 것이 아니라, 성가대원 전원(아직 이름도 다 알지 못하는데)이 제 아내처럼 똑같이 아름다운 모습으로 보입니다. 이민 생활에서 고난과 번민의 인내의 한계에서 예수를 바라본 사람들이 내뱉는 여러 가지 형태의 탄식과 감동, 감격의 외침과 고백이 오케스트라가 되어 연주되는 모습이었습니다.

우리는 모두 본토를 떠나 이민의 땅에서 인생의 신앙 경주를 하

고 있습니다. 좀 더 실감나게 말씀드리면, 네일숍, 봉제공장, 생선
가게, 세탁소, 델리가게, 식당, 정비공장, 채소가게 등, 각양의 인
생 신앙 경주장에서 경주를 하고 있습니다. 저도 신학교에 다니면
서 이 모든 것 중에서 두서너 가지의 고되고 힘든 막일을 해 보았
습니다. 그러므로 여러분이 겪는 그 애환의 고통을 어느 정도는
알고 있어요. 신학교 강의실에서 공부하는 것 못지않게 현장의 훈
련도 소중하게 여겨, 짐짓 그 과정을 겪어 보았습니다.

이국땅에서에서 외로운 믿음의 경주를 하는 여러분이, 지치고
고달픈 여러분이 집에서 편히 누워 쉬면 될 것을, 지친 몸을 이끌
고 교회에 나와요. 찬양 연습을 위해서 나오는 것이지요. 이미 인

내의 한계에 부딪쳤겠지만, 이 길은 당한 경주이므로 여러분이 십자가 위에서 피 흘리고 계시는 예수를 바라보았겠지요. 그러지 않았다면 어찌 그 지친 파김치와 같은 몸에서 이렇게 우렁차고 아름다운, 하나님이 기뻐 받으실 만한 찬송과 찬양이 우러나올 수 있었겠습니까. 감당할 수 없는 격정, 경이로운 감동, 억제할 수 없는 고난과 탄식과 경탄, 목메는 감격과 절규로부터 우러나오는 심령의 고백이 노래가 될 때, 이 찬송에 놀라운 능력이 있는 것입니다. 적을 물리치고 사탄 마귀를 쫓아내는 능력이 나타납니다.

역대하 20장 21-22절을 보십시오. 모압과 암몬 족속이 이스라엘에 처들어왔을 때, 이스라엘은 그들을 대적할 수 있는 힘이 없었습니다. 그들은 능력의 한계를 느끼고서 두려움에 떨며, 전전긍긍하고 있었습니다. 이때에 여호사밧이 각종 악기로 성가대를 조직하여 찬송을 부르며, 이스라엘 군에 앞장서서 적진으로 나아갔습니다. 그랬더니 모압과 암몬 족속들이 모두 지리멸렬하여 물러가고, 이스라엘 군대가 승리를 거두었습니다.

여호수아가 여리고 성을 함락할 때, 이스라엘 백성들은 40년간의 광야 행진으로 지친 가운데 있었고, 그들이 정복해야 할 여리고 성은 높고 견고하며 강한 군사들이 지키고 있었습니다. 이스라엘군의 여리고 성 정복은 힘겨운 일이었습니다. 그때에 하나님의 군대장관의 말에 따라, 이스라엘 군이 양각나팔을 앞세워 불고 나아감으로 승리를 거두었습니다(수 5:13 이하). 군대의 군악대가 행진의 앞에서 나아갈 때, 그 행진의 앞길이 열립니다. 바울과 실라가 옥에 갇혔을 때, 그들이 찬송을 부르니 옥문이 열린 것을 우리는 잘 압니다(행 16:25-26). 찬송을 부르면 마귀가 물러가고, 의심이 확신으로 변하며, 절망이 환희로 바뀝니다.

나는 본 교회 임마누엘 성가대를 지휘하는 한문섭 집사가 찬양 연습을 하는 모습에서 은혜를 느끼곤 합니다. 그는 음악을 전공하면서도, 찬양에서는 음악적 기능보다 감당하기 벅찬 신앙적 내면을 오케스트라화하여 표출하기 위해 노력하는 것으로 알고 있어요. 오늘 헌신예배의 앞장에 서 있는 임마누엘 성가대 여러분, 여러분의 헌신의 대상은 누구이며, 그 중심으로 무엇을 드립니까?

우리는 매 주일 헌금할 때에 547장(통일찬송가)을 부릅니다.

"진리와 생명 되신 주 이 몸을 바치옵니다. 믿음과 소망 사랑에 한마음 되게 하소서."

헌금도 이 몸을 통해서 주님께 드리고, 봉사와 찬양도 이 몸을 통해서 드립니다. 드리는 것이 음악이나 문학의 기능과 재주를 통해서가 아니라, 이 몸을 통하여 믿음, 소망, 사랑으로 한마음과 하나로 묶어서 드립니다.

우리가 드리는 몸이란 먹고 배설하는 육체, 증오하고 시기하며 다투며 싸우고 갈라지는 몸이 아닙니다. 우리가 산 제사로 드리는 몸(롬 12:1)은 믿음과 소망과 사랑으로 우리 몸을 하나로 승화시키는 spiritural impact, 심령의 폭발입니다.

하나님은 소나 양이나 돈 같은 제물을 받지 않으시고, 우리들의 애통하는 마음, 가난한 마음, 상한 마음, 감사하는 마음, 여호와를 기뻐하는 마음, 사죄하는 마음을 받으십니다. 그러므로 하나님께 드리는 찬양은 이러한 각양 심령의 폭발적인 오케스트라요 심포니인 것입니다.

임마누엘 성가대 여러분이 든든한교회의 믿음 경주의 향도(guidance: 인도자)가 되어 앞장서서 갈 때, 교회의 앞길이 열릴 것입니다. 개인과 교회의 일들이 형통할 것입니다. 교회가 부흥하고 평안하며 든든하여지고, 믿는 사람이 점점 많아질 것입니다. 여러분이 인도자가 되어 찬송을 부를 때, 이 자리에 앉아 있는 회중도 같이 따라 부르며 성가대의 대열에 참여하고, 같은 헌신에 한마음이 될 것입니다. 명실공히 evergreen orchestra가 될 것입니다.

Blessed are the Immanuel! Choir Orchestra! 임마누엘 성가대에 복이 있을지어다.

여러분이 그러한 찬송으로 헌신할 때, 하나님은 그 찬송을 받으시고 그 찬송 가운데 거하실 것입니다.

- 2003년 1월 5일, 임마누엘성가대 헌신예배, 든든한교회

교회의 거룩성

바야흐로 재림의 시대가 될지도 모르는 다가오는 앞날을 우리는 어떻게 준비해야 할 것인가? 인간의 지식 발달이 제2의 바벨탑을 연상케 하는 오늘날, 유전자 조작에 의하여 탄생한 인간의 신앙고백을 어떻게 받아들이며, 피드백에 의하여 연습된 기계적 고백을 어떻게 수용할 것인가? 이런 인간이 선하게 살았든 악하게 살았든, 그의 죽음에 대하여 어떻게 의미를 부여할 것인지는 이미 본지에서 질문을 제기한 바 있다.

"뜻이 하늘에서 이루어진 것같이 땅에서도 이루어지이다."

오늘날의 인간 사회에서는 기계 인간이나 할 수 있는 무정하고 잔인한 참사들이 이미 비일비재하게 자행된다. 이런 가운데 도래하는 불확실한 미래의 인류 사회상을 생각해 본다. 교회가 구원을 외치며, 어떻게 해서든지 인간이 사는 땅 위에 복음을 전해야 하는 것은 지상(至上)의 과제이다. 또 기계적 두뇌와 심장에 하나님의 말씀을 어떻게 받아들이게 할 것인가는 현존하는 인류에게 번민스러운 과제이다. 이런 때에 인류의 세계사 속에서 교회가 취하여 온 입장을 살펴보는 것은 무익하지 않을 것이다.

원시 시대는 공산적인 생활 형태를 보이는 평정의 시대였다. 원시 시대의 부족사회에서 원시종교가 형성되고, 헬라 문화와 히브리 문화의 흐름 가운데서 예수의 피 흘림에 의하여 초대교회가 탄생하였다. 고대 로마 시대는 사람을 귀족과 노예 계급으로 나누고 노예를 하나의 짐승으로 취급하던 시대였는데, 그때 교회는 생명이 넘쳤다. 가정교회와 지하교회 또는 카타콤 교회의 존재가 이를 말해 준다. 그러나 이렇게 생명이 넘치던 교회가 그 입장을 권력의 자리로 옮겨가면서 생명은 사라지고 몸체만 비대해졌다. 세속화한 것이 아니라, 세속주의가 되어간 것이다.

중세 시대에 이르러서는 기사도(騎士)가 등장하였고, 사회는 왕과 영주, 그리고 농노 계급으로 나뉘었다. 그 시기에 교회는 왕과 영주를 위한 신앙을 만들어내면서 세속으로 빠져들어가기만 하였다. 이러한 때를 암흑 시대라고 부르는 것 같다. 교회는 소수의 지배자적 입장에 편승하였고, 다수의 민중에게는 어두웠다. 이러한 상황에서 문예부흥(Renaissance)이 일어난 것은 자연스러운 역사적 흐름이었을 것이다.

중세 시대가 물러가고 근세 시대가 도래하면서, 자본주의와 노동자의 문제가 대두되었다. 영국의 산업혁명으로 생산이 증대되고, 이에 따른 소비 문제로 인하여 식민지 국가가 탄생하였다. 열국이 새로운 영토 분쟁을 일으키면서, 교회도 우주적인 하나님의 나라 건설보다 영토 확장을 위한 자국주의 선교, 복음 전파에 노력을 기울였다.

현대에 이르러서는 독립 자본주의가 형성되었다. 자본주의 발전과 아울러 교회도 기업적 성장과 개인 구원을 위한 방주 개념만 강조하여 왔다. 교회는 이미 세속화했으며, 타락을 재촉했다.

정녕 교회의 거룩성은 무엇이며, 또 세상성은 무엇인가? 교회의 거룩성과 세상성을 말할 때, 그 거룩성과 세상성의 양면을 보아야 한다는 것을 말하고 싶다. 우리가 사용하는 '돈'이 동일한 가치를 갖고 있으면서 상징적으로 일치하는 양면을 갖고 있는 것처럼 말이다.

교회의 거룩성은 죄악 세상에서 자기 보존의 일면이며, 세상성은 교회가 세상을 파헤치고 들어가 소금과 빛으로 존재해야 하는 일면이라고 할 수 있다. 한 알의 밀알은 귀중한 생명을 잉태하고 있다. 이런 존재로서 곱게 색칠하여 단장한 씨앗 바구니에 언제까지나 홀로 남아 있을 것이 아니라 검은 땅에 떨어져야 한다. 그래야 흙을 떠받치고 움이 트고 싹이 돋아나, 다시 생명을 지닌 밀알로 돌아온다. 이것이 양면 일치이다.

교회의 세상성에 대한 우리의 관심과 이해에서, 세속화라는 관점에 접근할 때는 성서가 뜻하는 세상성을 올바로 파악하는 일이 중요하다. 우리는 지금까지 교회에서 거룩과 세속이라는 두 영역을 구별하여 배웠고, 세속이라는 단어는 나쁜 의미로만 인식해 왔다. 즉, 세속은 악하고 마귀의 세계이며, 믿지 않는 자들이 거하는 곳으로 여겨 왔다.

여기에서 알아야 할 상식적 지식은, 세속화와 세속주의가 다르듯, 세속이라는 말은 엄격히 구분하여야 한다는 것이다. 성서는 세속주의를 거부하면서도 세속을 권장한다. 예수는 곧 하나님 자신의 세속이다. 지극히 높은 하늘에 계시는 하나님은 이 땅에 사는 우리와 엄청나게 구별되어 있는 거룩한 분이시다. 그런데 세상을 구원하기 위해 우리와 똑같은 인간, 곧 세속인(世俗人)이 되어 이 땅에 오셨다. 말씀이 육신이 되신 엄청난 세속이다. 본질에 있어서 죄가 없으시다는 것뿐, 우리와 동일한 인간으로 오셨다. 또한 권능이 있으셨으나, 세속에 계시는 동안에는 그 권능도 별개의 문제였다.

하나님은 자신이 거룩하고 무한한 창조주이시며 전능하심에도 불구하고, 그 초월의 세계에 고고(高孤)하게, 영원히 머물러 계시지 않았다. '예수'라는 세상의 이름으로 우리의 시간과 공간으로 들어와서 피조물과 더불어 제한된 삶을 사셨다. 이렇게 오신 데에는 그 뜻이 분명하였다. 하늘에 계신 하나님의 뜻을 이루기 위해서였다. 그러기에 세상에 교회를 세우시고, 세상 속에서 하나님의 뜻을 이루어가는 일을 하셨다. 예수님은 기도도 그렇게 가르치셨다. "뜻이 하늘에서 이룬 것같이 땅에서도 이루어지이다."

교회가 세상처럼 타락해서는 안 되지만, 하나님의 뜻을 이루기 위해서는 세상에 적극적으로 파고들어가서 하나님의 일을 해나가야 한다. 이것이 교회의 사명이다. 그 사명을 이루어가는 일은 "생육하고 번성하여 땅에 충만하라, 땅을 정복하라, 바다의 물고기와 하늘의 새와 땅에 움직이는 모든 생물을 다스리라" 하신 하나님의 창조 이상을 실현해가는 일이다.

그러므로 교회의 세속화를 나쁜 의미로 보고, 세속주의와 더러운 모습으로만 생각할 일이 아니다. 예수께서 성육신하여 대속의 고난을 감내하신 것같이, 세상에 태어난 우리도 적극적으로 땅 위의 삶의 모든 영역에 참여해 나가야 한다.

한편 교회의 세속화는 이같은 그리스도교적 이해와는 다른 방향으로 사용될 수 있기 때문에, 보다 적극적인 깊은 이해와 시도가 필요하다. 교회는 성서의 메시지를 올바르게 해석해 주고 말해 주기 위하여, 시대에 맞춰 늘 새로운 용어를 사용해 왔다. 중세 교회(성 어거스틴, 토마스 아퀴나스 등)는 존재론적 언어를 사용하였고, 루터나 칼뱅(개혁자)은 대체로 계시의 언어를 사용해 왔다. 19세기 자유주의 신학은 17세기나 18세기의 정통주의 교리적 언어를 사용하지 않고, 경험론적 언어와 종교적 언어, 그리고 관념론적 언어를 사용하였다. 교회가 전통적으로 사용해 온 익숙한 언어 외에는 사용해서는 안 된다는 제한과 틀 안에 갇혀 있지 않았다. 하나님의 역사가 인도한 일이라고 말할 수밖에 없다.

기독교의 세속화는 교회가 그 시대마다 세상에서 사용해 온 고전적인 언어를 현실에 맞게 해석하고, 세상에 개입하고 참여하는 길을 열어 보이는 것이다. 이러한 세속화가 필요하다. 그리하여 그리스도교와 그리스도인은 이 세상과 세속에 영원한 골동품으로 남아 있지 말고, 세속 문화 속에서 신앙으로 누룩이 되고 믿음이 되는 길의 전위대요 길잡이가 되어야 할 것이다.

교회가 관심하는 것은 내세(來世)만의 천국이 아니다. 이 세상 역시 하나님에 의해 창조되고 보전되고 하나님의 법에 의해 쓰여 왔으며, 구속되고 갱신되어 왔다. 따라서 기독교의 소망은, 세상에 태어난 사람들이 천국을 바라보며 천국에 소망을 두고, 천국에 합당한 백성으로서 새로운 삶을 펼쳐가는 일이다.

이것은 구약보다 신약에서 더욱 뚜렷하게 강조되고 있다. 즉 그리스도께서 쓴잔을 남김없이 마신 것처럼, 그리스도인은 이 땅 위의 삶을 주님의 뜻을 이루는 데 남김없이 마음껏 살아야 한다는 것이다. 이렇게 사는 자라야 십자가에 달리시고 부활하신 주님이 그와 함께하시고, 그를 통해 그리스도와 더불어, 그와 함께 십자가에 달렸다가 다시 사는 거룩이 나타난다. 십자가에 달려 못 박혀 죽고 땅에 묻히는 것은 적극적인 세속화이다.

교회는 세상에서의 피난처가 아니다. 하나님의 호의로 부름 받은 자이기는 하나(거룩성), 하나님의 특별한 호의를 받은 자로 남아 있어서는 안 된다. 예수님이 전적으로 이 세상을 위하여 그러하신 것처럼, 우리도 남을 위하여 십자가를 지기 위해 존재하는 것이다. 즉, 교회는 자기 자신을 위해 존재하는 것이 아니라, 예수님이 남을 위해 사신 것처럼 세상을 위하여 존재해야 한다.

우리는 교회와 문화, 교회와 세상을 혼동하는 것이 아니며, 교회로서 세상과 문화로부터 물러나 편안한 클럽으로 고립하는 것도 아니다. 우리는 세상을 위하여 세속에서 죽어가는 사명을 되살리고 감당해야 한다. 예수님은 나병 환자 시몬의 집에서도 잡수셨고, 지탄받는 세리 마태와 삭개오의 집에서도 잡수셨으며, 죄인이라고 천대받고 멸시당하는 여인의 시중도 소중히 받아들이셨다. 그리하여 세상 사람들에게 "그가 죄인의 친구로다" 하고 비난받고 비웃음을 당했다. 오늘날 우리는 예수님이 받았던 그러한 수모와 지탄을 받고 있는가?

복음이 편만히 전해졌고, 선교사도 많이 파송되었으며, 웅장한 교회당이 우뚝 서 있는 이 시대를, 과연 교회사에 빛나는 황금기라고 할 수 있을까? 교회의 황금기는 종교개혁이나 화려한 중세와 같은 교회 시대가 아니다. 세속주의적인 세상에서 이 땅에 오신 예수님의 뜻을 이루기 위하여 그리스도인이 죽어갈 때, 교회의 황금기가 도래할 것이다.

종말의 시대라고 말하는 이 시대에 교회의 과제는 자기 생명을 보존하는 일만이 아니며, 또 박해 앞에서 고개 숙이는 일만도 아니다. 교회는 거룩한 성전에서부터 노동자와 빈민, 서민의 세계, 국가 공직 사회, 기업가들의 세계, 학문과 예술, 고고학, 그 밖의 다양한 세계로 헤집고 나아가야 한다. 이러한 사회에 들어가서 군림하는 것이 아니라, 이들을 돕고 섬기는 자의 자리에 서야 한다.

예수님이 유대인의 발걸음이 끊긴 사마리아 땅을 밟으셨던 것처럼, 우리도 천대받는 곳, 소외되고 외진 곳을 찾아가야 한다. 그들과 함께 천대받고 함께 어두운 곳을 걸어가면서, 우리가 간직한 소망을 자랑하고 세속에 묻힌 거룩성을 나타내야 할 것이다.

도래할지도 모르는 복제 인간의 시대, 전자 언어의 시대, 걷잡을 수 없이 빠른 속도의 시대에, 우리에게는 무엇이 중요할까? 세상과 발 맞추어, 혹은 세상과 대항하여 많이 배우고 계획하고 비전을 펼쳐내는 것이 아니다. 이같은 세속에 묻혀 적극적으로 사랑을 실천하며 전도하여, 천국 시민 사회화(社會化)를 실천하는 것이 무엇보다도 중요하다.

우리는 어떤 환경이나 장소나 때나 사회 여건 속에서도 아랑곳 않고, 신앙 인격의 손상 없이 복음을 전하는 삶을 살아가야 한다. 예수님이 갈릴리 호수 언덕에서 열한 제자에게 하신 말씀을, 이제는 조금 더 깊이 깨닫고 길을 가야 할 때가 되었다.

¹⁹그러므로 너희는 가서 모든 민족을 제자로 삼아 아버지와 아들과 성령의 이름으로 세례를 베풀고 ²⁰내가 너희에게 분부한 모든 것을 가르쳐 지키게 하라 볼지어다 내가 세상 끝날까지 너희와 항상 함께 있으리라 하시니라마_28:19-20

하나님의 말씀은 하나님이 전파하신다. 그러나 우리를 사용하셔서 그 말씀을 전파하신다. 주님이 우리에게 가르치고 지켜 행하라 하신 것을 우리가 배우고 지켜 행하지 않으면, 그러한 우리의 말을 누가 듣고 믿으며, 누가 제자가 되어 세례를 받겠는가?

기계에 의하여 기계적으로 훈련된 고백과 행동을 하는 복제된 인간은 그렇게 믿고 그렇게 따라 행할 것이며, 그러는 동안 세상은 점점 가공할 세상이 될 것이다. 그런 시대의 물결이 이미 파고를 높이며 다가오고 있다.

- 2014년 12월 15일

사랑이
제일인 이유

십자가에 못 박혀 죽었다가 부활하신 예수님이 그의 부활을 최초로 보여 주시고, 또 그 부활의 소식도 세상에 알리도록 분부하신 사람이 누구였습니까? 예수님이 직접 부르셨고 그와 3년을 함께한 제자들이 아니라, 막달라 마리아라는 여인이었습니다. 막달라 마리아는 어떤 사람일까요?

이스라엘 북쪽 갈릴리 호수의 서안(西岸)에 막달라(Magdalene)라는 성읍이 있습니다. 막달라는 염료(染料)와 방직(紡織) 산업이 성하고 조선(造船)업도 성했으며, 헐몬 산의 영향으로 건조한 이스라엘의 다른 지역보다 땅이 비옥하여 농업도 성하였던 성읍입니다. 이러한 성읍에 '마리아'라는 부유한 상류층 여인이 있었습니다. 이스라엘에는 '마리아'라는 이름이 유수(有數)하게 있었기에, 다른 마리아와 구별하기 위하여 여기에 사는 이 여인을 '막달라 마리아'라 불렀습니다. 상류층으로서 부유했던 막달라 마리아는 이러한 성읍의 속성 안에서 자연스럽게 헤어날 수 없는 타락의 나락(奈落)으로 깊이 빠져들어갔을 것입니다.

막달라 마리아가 일곱 귀신이 들렸다고 하였는데, 그 일곱 귀신을 정신의학이나 병리학적으로 어떻게 설명할 수 있을까요? 아마도 영적으로든 육적으로든, 파멸 상태인 폐인(廢人)이 된 모습을 그렇게 표현했을 것입니다. 이처럼 일곱 귀신 들린 막달라 마리아를 고쳐 준 것은 그 지방의 어떤 명의(名醫)가 아니라 예수님이었습니다. 막달라 마리아 스스로도 여러 방법을 동원하여 노력하며 일곱 귀신 들린 병을 고치려 했을 것입니다. 그러나 아무 소용이 없어 결국 모든 것을 포기하였다가, 일개 촌부였던 예수님을 만난 것은 그에게 주어진 천혜(天惠)의 은총이었습니다. 하나님의 사랑을 접(接)하게 된 것입니다.

성경에 이 여인이 어떻게 예수님을 만나게 되었는지에 대해서는 자상한 기록이 없습니다. 막달라 마리아… 변화된 영혼과 고침 받은 육신으로 새 생명을 받은 여자… 받은 은혜를 잊지 않은 여자…. 지식이 발달하고 물질이 풍요한 오늘날의 사람들은 이 여인과 달리 자기가 입은 은혜를 쉽사리 망각하는 세대요, 그 은혜를 오래 간직하지 않는 패역한 세대입니다. 은혜를 쉽사리 저버리는 것은 앞으로 다가올 복(福)을 미리 내팽개치는 일이라 하겠습니다.

고침을 받은 막달라 마리아는 그때부터 예수님을 따랐습니다. 자기 소유를 드려 보이지 않게 예수님을 따르며 제자들을 섬겼습니다. 막달라 마리아가 자기 소유로 예수님과 그 제자들을 섬겼다는 기록은 누가복음 8장 2-3절 외에 성경의 다른 데서는 찾아볼 수 없습니다. 다만, 예수님이 붙잡혀 대제사장 가야바의 뜰에 붙들려 가고, 다시 빌라도의 법정에 옮겨져 십자가형의 선고를 받은 후에, 갈보리 산 위 십자가 형장에서의 마리아의 행적이 네 복음서에 나타나 있습니다.

예수님께서 베다니의 나병 환자 시몬의 집에서 잡수실 때에 옥합을 깨뜨려 비싼 향유를 예수님의 발에 붓고, 그의 머리털로 닦으며 발에 입을 맞추며 눈물을 흘린 여자도, 필자는 이 막달라 마리아일 것으로 생각합니다. 옥합을 깨뜨린 여자와 막달라 마리아가 동일인이냐 아니냐 하는 데는 논란이 있습니다. 하지만 옥합을 깨뜨린 여자가 막달라 마리아가 아니고 다른 여자라면, 그에게서는 막달라 마리아가 일곱 귀신 들렸다는 것과 같은 은혜를 받은 절체절명의 사건을 찾아볼 수 없기 때문입니다.

막달라 마리아는 예수님께서 십자가형을 선고받은 후 자신이 못 박힐 십자가 형틀을 짊어지고 고난의 길(Via Dolorosa)을 갈 때, 그 연도에서 흐느끼며 울었을 것은 분명합니다. 예수님은 십자가를 메고 그 고통의 길을 갈 때, 연도에 나와 울고 여자들에게 "예루살렘의 딸들아 나를 위하여 울지 말고 너희와 너희 자녀를 위하여 울라"(눅 23:28)고 하셨는데, 이 여자들 중에 틀림없이 막달라 마리아도 있었을 것입니다. 그 길을 다 가신 예수님이 자기가 짊어지고 간 십자가 형틀에 양손과 양발이 못 박히고 높이 세워졌을 때, 이것을 본 막달라 마리아의 슬픔은 가히 상상할 수 없었을 것입니다. "나에게 새로운 인생을 찾아 주신 예수님"이라고 수없이 말했을 것입니다.

예수님이 말씀을 가르치고 병을 고치실 때, 사람들은 예수님께 쉽사리 가까이 갈 수 없었습니다. 지붕을 뚫기도 하고, 키가 작은 삭개오는 뽕나무에 올라가서야 예수님을 볼 수 있었습니다. 의(義)와 선을 가르치고 병을 고쳐 줄 때는 보기 힘들었던 예수님, 그 예수님이 무고히 고난을 받고 죽어가는 모습을 만인이 볼 수 있도록 십자가에 높이 매달렸습니다. 이것은 의(義)와 진리와 사랑(아가페)을 만천하에 선포한다는 의미가 있습니다. 예수님은 그 십자가 위에서 큰소리로 외쳤습니다.

"아버지여, 내 영혼을 아버지 손에 부탁하나이다."

무고하게 십자가형 선고를 받은 예수님을 모두가 외면하였고, 그가 택하여 불러 따랐던 제자들마저도 그를 버리고 떠났습니다. 그러나 예수님은 그 영혼을 의탁할 곳이 있다는 선포였습니다.

공회원이면서도 예수를 십자가형에 처하는 것에 가표(可票)를 던지지 않았던, 하나님의 왕국을 기다리던 아리마대 요셉이 총독

빌라도에게 예수님의 시체를 달라고 요구하였습니다. 그러고는 예수님을 십자가에서 내려 아마포(세마포)에 싸서, 이전에 사용한 적이 없는 새 무덤에 가져다두었습니다(눅 23:50-53). 갈릴리에서부터 따라가며 예수를 섬기던 막달라 마리아와 다른 여자들도 이것을 보았습니다(눅 23:50-56; 막 15:47; 마 27:51-56).

막달라 마리아는 유대인의 규례대로 안식일을 지낸 뒤 첫날 새벽에 향품을 가지고 예수님의 시체 둔 곳을 찾아갔습니다. 왜 그랬을까요? 사복음서를 다 들춰 보아도 예수님의 시신을 장사 지냈다는 말이 없습니다. 사복음서에는 모두 예수님의 시체를 무덤에 '갖다 놓았다'(laid)라고 했지 '장사 지냈다, 묻었다(bury)'라는 용어를 쓰지 않았습니다. 거지 나사로가 죽었을 때 누가복음 16장 22절에서 '장사'(buried)라고 하였고, 세례 요한이 처형되어 죽었을 때도 이를 '장사하였다'(마 14:12, buried)라고 하였으며, 구약에서 여호수아가 110세에 죽었을 때도 그를 딤낫세라에 '장사하였다'(buried, 수 24:30)라고 하였습니다.

그러고 보면, 예수님의 장사가 제대로 치러지지 않았음을 알 수 있습니다. 처형한 다음 날이 안식일이라는 상황에서 예수님의 시체가 가매장(假埋葬)되었음을 알 수 있습니다. 이것을 본 상류층의 부유했던 막달라 마리아가 안식일이 지난 다음 날인 이른 새벽에 향품을 가지고 예수님의 시체를 둔 곳으로 찾아갔습니다. 향품을 가지고 예수님의 장사를 제대로 치르기 위하여 무덤으로 간 것입니다. 예수님에 대한 사랑의 극치입니다. 자기를 살려 준 예수님께 대한 마지막 사랑의 헌신이요 봉사의 기회였습니다. 그러나 그에게는 예수님의 부활에 대한 신앙이 없었습니다.

막달라 마리아가 인적이 없는 이른 새벽에 돌무덤에 가 보니 예수님의 시체는 없고, 대신 어떤 흰옷 입은 사람이 그 안에 있었습니다. 막달라 마리아는 이것을 보고, 생명의 은인에 대한 사랑과 마지막 헌신의 기회가 무산된 것에 허탈하여 비탄에 빠져 울었습니다. 그러자 흰옷 입은 사람이 묻습니다. 그러면서 둘 사이에 대화가 시작됩니다.

"여인이여, 왜 우느냐?"

"여기 있던 내 주의 시신을 사람들이 어디에 두었는지 알 수 없습니다."

"어찌하여 울며 누구를 찾느냐?"

"당신이 가져갔거든 어디 두었는지 내게 말해 주세요. 내가 그를 가져가겠습니다."

예수님의 시체가 없어진 것 때문에 운다는 것입니다. 예수님에 대한 막달라 마리아의 사랑을 확인한 것입니다.

여인은 뒤돌아서 흰옷 입은 사람을 바라보았으나, 그분이 예수이신 줄은 알지 못했습니다. "여자여"라고 부르던 그가 "마리아야"라며 그 이름을 부릅니다. 마리아는 그 음성이 바로 자기를 새 생명으로 회복시켜 준 예수의 음성임을 알아듣고, 방금 전엔 '당신'이라고 부르던 흰옷 입은 사람을 '랍오니'라고 부릅니다. '랍오니'(선생님)는 마리아가 부를 수 있는 최고의 경칭이었습니다. 선한 목자로 오신 예수님은 자기를 사랑하는 양의 이름을 알고 불렀으며, 양은 그러한 목자의 음성을 알고 따랐던 것입니다(요 10:3-4, 11, 14).

예수님은 사망을 이기고 부활한 우주적인 사실을 그가 택하였고 그를 따랐던 제자들에게 가장 먼저 보이지 않으셨습니다. 부활에 대한 믿음도 없었던, 한낱 일곱 귀신 들렸다가 고침 받은 일에 전심으로 감사하며 주님을 사랑하는 연약한 여인에게 제일 먼저 보이고 이렇게 말씀하셨습니다.

"마리아야, 내가 부활하였고 여기에 있지 아니하리니, 갈릴리로 간다고 제자들에게 전하여라."

막달라 마리아는 예수님의 부르심을 받은 제자들 중의 하나도 아니었고, 그들과 같이 주님을 따르지도 아니하였습니다. 그러나 부활의 최초 증인이 되었으며, 또한 부활 사건을 최초로 세상에 전달한 전도자가 되었습니다.

부활에 대한 믿음도 없는 한 여인에게 어찌하여 이같은 복이 임하였을까요? 그것은 은혜 입은 자로서, 주님에 대한 사랑 때문이었습니다.

이른 새벽에 십자가형을 받아 처형된 자의 장례를 위하여 무덤을 찾아가는 것은 사회 통념상 두려운 일입니다. 그뿐 아니라 여자 홀로 인적이 끊긴 묘지에 가는 이른 새벽길은 그 환경도 무섭습니다. 그러나 주님에 대한 막달라 마리아의 사랑은 그 모든 두려움을 물리쳤습니다. 요한일서 4장 18절과 아가서 8장 6절은 사랑에는 두려움이 없고, 사랑은 죽음보다 강하다고 말씀합니다. 사랑이 막달라 마리아의 믿음 없는 허물을 덮은 것입니다.

> 미움은 다툼을 일으켜도 사랑은 모든 허물을 가리느니라 _잠 10:12
> 무엇보다도 뜨겁게 서로 사랑할지니 사랑은 허다한 죄를 덮느니라
> _벧전 4:8
> 사랑은 이웃에게 악을 행하지 아니하나니 그러므로 사랑은 율법의 완성이니라 _롬 13:10

이렇게 주님을 사랑하고 또한 간절히 찾았습니다.

> 나를 사랑하는 자들이 나의 사랑을 입으며 나를 간절히 찾는 자가 나를 만날 것이니라 _잠 8:17
> 너희가 온 마음으로 나를 구하면 나를 찾을 것이요 나를 만나리라
> _렘 29:13

사랑은 모든 율법과 선지자의 강령입니다(마 22:37-40). 이같은 사랑(아가페)의 발원지는 어디일까요? 하나님입니다. 하나님은 사

랑이십니다(요일 4:8). 믿음의 주요 또 온전하게 하시는 이인 사랑의 하나님께 나 자신의 전부를 투척(投擲)하는 정열에서 그 사랑이 발현합니다. 내가 주와 함께 못 박혀 죽고 부활하신 주님과 함께 산다고 고백하는 것입니다(갈 2:20).

그런즉 믿음, 소망, 사랑, 이 세 가지는 항상 있을 것인데 그중의 제일은 사랑이라 _고전 13:13

믿음과 소망은 이성적이고 지적인 수용의 길을 가려는 경향을 강요당하는 번민이 있습니다. 그러나 올바른 대상에 맹목적일 때 사랑의 길이 열립니다. 그 까닭에, 사랑은 내가 죽기만 하면 되기 때문입니다.

- 2015년 부활절 아침에

불멸의 신앙

나는 일제의 강점기에 태어나서 자라며 청소년기를 맞이했다. 2차 세계대전 기간 동안 청년들이 징병으로 끌려가고, 아버지 연령대의 장년들이 보국대나 징용으로 일본 관헌에게 끌려가며, 피어나는 꽃봉오리 같은 누나들이 정신대(위안부)로 잡혀 끌려가는 것을 보았다. 그러고서, 그와 같이 끔찍한 일이 곧 나에게도 닥쳐오리라는 두려움에 사로잡혀 가슴을 앓았다.

1945년 2차 세계대전이 끝나고 나라가 해방되었을 때, 다시는 전쟁이 일어나지 않고 평화로운 시대가 오리라고 기대하였다. 그러나 그러한 기대와 달리, 전쟁은 그 후에도 도처에서 일어났다. 6·25 한국전쟁, 월남전, 걸프전, 보스니아와 코소보 분쟁, 이스라엘과 팔레스타인의 전쟁과 크리미아 반도의 전쟁 등, 전쟁은 끊임

없이 일어났으며, 최근에는 새로운 호전 집단 IS가 생겨나 미국을 겨냥하여 싸움을 걸어오는 상황 아래에 있다.

마태복음 24장에는 외적으로 나타나는 말세의 징조가 기록되어 있다. 전쟁과 기근, 역병, 지진이 처처에서 일어나고, 거짓 선지자들이 세상을 미혹하며, 불법이 성하고, 이로 인하여 사랑이 식는 현상이 나타난다는 것이다. 이런 시대는 그 시대를 살아가는 사람들에게 분명히 큰 고통이다. 고통당하는 때에 인간 내면에서 일어나는 같은 현상이 디모데후서 3장에 기록되어 있다. 자기를 사랑하며 돈을 사랑하며 자랑하며 교만하며….

이처럼 성경에 기록된 말세의 징조는 그때그때마다 있어 왔고, 그 시대의 그리스도인들은 그 나름의 종말을 사는 신앙으로 살아왔을 것이다. 그러나 오늘날에 나타난 것같이 진노의 임박을 느끼게 하는 징조와 하나님 앞에서의 불법은 없었다. 하나님이 제정하신 결혼법을 폐하고 자기의 소견에 옳은 대로(삿 17:6, 21:25) 법을 제정하여, 생육하고 번성하여 하나님이 지으신 모든 것을 다스리게 하려는 대섭리(大攝理)를 거스른 적이 없었다. 하나님의 창조 질서가 거부되고 마는 세상이 될 것이다. 이 불법은 하나님을 전적으로 부인하고 소멸하려는 대역(大逆)이다. 어찌 하나님이 이같은 불법을 방치하시겠는가!

6월 26일 아홉 명의 판사가 동성결혼 합법화를 결정했을 때, 오바마 대통령은 이를 아메리카의 승리라고 공언하였다. 아메리카가 하나님을 이겼다는 말이 된다. 하나님을 믿고 그 가르침을 따르는 것에 생명을 거는 그리스도인들에게, 이것은 장차 닥쳐올 환난의 경고가 아닐 수 없다. 지금 이런 시대를 맞은 우리 그리스도인들이 하나님의 약속인 영생에 이르는 길은 무엇인가?

그러나 끝까지 견디는 자는 구원을 얻으리라 _마 24:13

기독교를 심히 박해하던 아우렐리우스 황제 때, 폴리캅은 하나님의 칭찬을 받은 서머나 교회의 감독이었다. 서머나 교회의 감독이 되기 전에 폴리캅은 가난 때문에 어느 귀부인에게 노예로 팔려간 적이 있다. 나이 들어가던 귀부인은 폴리캅의 인품과 뛰어난 영적 힘에 감동되어, 그에게 증명서를 써 주어 그를 자유롭게 하였다고 한다.

자유인이 된 폴리캅은 사도 요한의 제자가 되어, 그에게서 배운 후 서머나 교회의 4대 감독이 되었다. 그러하여 복음이 줄기차게 전파되었고, 이러한 감독의 양육을 받는 서머나 교회는 부흥 일로에 있었다. 한창 복음이 왕성하게 전파되고 있을 때에, 폴리캅은 관헌에게 체포되어 화형에 처해지게 되었다. 당시는 기독교가 박해를 받던 때였다.

장작더미를 쌓아 놓은 화형대 앞에서 호민관이 폴리캅에게 말했다. "이제라도 로마의 가이사에게 경배하고 예수를 믿지 않겠다고 한마디만 하면 너는 자유로워질 수 있다. 그 후로 예수를 전해도 좋다." 그를 회유한 것이다. 그러나 폴리캅은 그러한 호민관에게 "당신도 예수를 믿으시오"라고 전도했다고 한다.

이에 쌓아 놓은 장작에 기름을 붓고 불을 질러 폴리캅을 활활 타는 장작불에 내던졌으나, 장작불이 제대로 타지 않자 폴리캅을 장작불에서 끌어내 창으로 찔러 죽였다고 한다.

하나님은 이러한 믿음의 사람을 왜 구하여 살려내지 않으셨을까? 오히려 그것이 그에게는 더욱 영광된 죽음이요 곧 구원이며, 하나님께서 이같은 '불멸의 신앙'을 세상에 보이시려는 뜻이었을 것이다. 이 말세의 신앙을 폴리캅에게서 배워야 할 것이다.

아브라함의 자손

여리고는 요단 강 계곡의 서쪽 끝에 위치한 도성이다. '종려의 성읍'이란 뜻의 이름을 가졌지만, 여리고의 거민들이 신봉하는 주신(主神)이 달의 신(月神)이었기 때문에, '달의 성읍'이라는 이름으로 더 잘 알려져 있다.

여리고는 또 400년간 애굽에서 노예로 있었던 이스라엘 백성들이 출애굽하여 그들의 조상 아브라함이 하나님으로부터 받은 가나안 땅으로 돌아갈 때 가나안의 문턱을 가로막은 최초의 걸림돌이었던 성읍으로, 하나님이 무너뜨리시고 이 성의 재건을 금지하셨다(수 6:26; 왕상 16:34), 예수님 당시는 예루살렘에서 여리고로 내려가던 한 나그네가 그 성 인근 길에서 강도를 만났으므로, 죄성이 강한 도성으로도 인상 지워진 곳이기도 하다.

이러한 여리고에 삭개오라는 세리장이 있었다. 당시 이스라엘 나라에서 로마 정권이 세운 세리(稅吏)라고 하면, 우리 한국으로 말하면 악질 친일파 헌병이나 경찰, 고등계 형사와 같이 민족 반역자로 여겨지는, 동족을 수탈하는 악랄한 자였다. 삭개오가 이러한 도성의 세리장이었으니, 아마도 악명 높은 사람이었을 것으로 짐작된다.

당시 이스라엘 세리들은 오늘날처럼 과세 기준을 따라 세금을 거두는 것이 아니었다. 최대한 많이 거두어 그 일부를 로마 정부에 바치고, 자기가 많이 착복하는 것을 관행으로 여기며 살았다. 아마도 삭개오도 이러한 식으로 많은 부를 축적했을 것이다. 그리하여 먹고 입을 것이 넉넉했을 것이며, 좋은 잠자리와 좋은 옷과 음식을 누리며 날마다 호화로이 열락하는 삶을 살았을 것이다.

그러나 호화로운 생활과 세리장이라는 권세에도 불구하고 그에게는 마음의 평강이 없었으며, 심령에 심한 번뇌가 있었다. 그에게 물질은 있었으나 진정한 기쁨이 없었으며, 육체는 있었으나 생명이 없었고, 만족은 있었으나 평안이 없었으며, 소유는 있었으나 존재는 없었다. 인간의 생명은 삭개오가 축재한 것과 같은 소유의 넉넉함에 있지 않다. 누가복음 12장 15절에서 예수님은 생명이 소유의 넉넉함에 있지 않다고 말씀하셨다.

삭개오는 겉으론 합법적인 신분과 방법으로 재물을 모아 소유가 풍족하여 호화롭게 살고 있었지만 심령에 번뇌가 있었고, 자기

양심의 고발을 당하고 있었다. 그는 등 뒤에서 민족 반역자라고 비난하는 소리와 증오의 손가락질을 따갑게 느끼며, 심령의 고뇌를 이기지 못했다.

삭개오라는 이름은 '순결하다'란 뜻이다. 그의 이름은 좋았으나, 그의 삶은 이름과 같이 깨끗하지 못했다. 이러한 그에게 예수에 대한 소문이 들려왔다. 회개하면 천국이 있다고 가르치고, 가난한 병자를 고쳐 주며, 벳새다 광야에서 굶주린 무리를 먹이시고, 귀신을 내쫓으며, 간음하다가 들킨 여자도 돌로 치지 않고 용서해 주었으며, 여덟 가지 복되게 사는 법을 가르쳐 준 예수에 대한 소문을 들은 것이다.

'회개가 무엇인지 알 수 없으나, 겉으로는 부자이지만 속으로는 죄책감으로 고통받는 나도 회개하고 예수께로 가면, 이 모든 지옥과 같은 삶이 천국으로 바뀔까? 이처럼 견디기 어려운 번민도 해결될까? 민족을 반역했던 죄도 용서받고, 동족으로부터 부당하고 잔인하게 세금을 수탈한 것에 대해서도 용서를 받을 수 있을까? 설령 내가 가진 재물이 다 없어진다 할지라도, 그분이 있으면 양식 걱정은 없을 것이며, 병에 걸려도 그분이 고쳐 주지 않겠는가? 나도 예수를 만나 보자.'

삭개오는 예수를 만나고자 하는 마음이 간절해졌다. 그런데 어느 날 그 예수님이 여리고를 지나간다는 것이다. 세리장 삭개오도 그 소식을 듣고 예수를 만나러 거리로 나갔다. 아마 세리장인 만큼 의젓한 옷차림과 자세로 나갔는지도 모를 일이다.

그러나 거리에는 이미 예수를 만나고자 하는 사람들로 가득 차서, 삭개오는 예수님 가까이에 갈 수 없었다. 게다가 그는 키가 매우 작았기 때문에 예수를 먼발치에서조차 볼 수 없었다. 누구 한 사람도 여리고 성의 세리장인 삭개오를 알아보고, 그에게 자리를 양보하거나 길을 열어 주지 않았다. 죄인이 메시아를 만나 보기가 그렇게 쉬운 일이 아니었다. 죄인 삭개오와 메시아이신 예수와의 사이에는 두껍고 높은 장애물이 있었다.

'예수는 내가 만날 수 있는 분이 아니다. 이런 상황에서 내가 어떻게 예수를 만나겠는가? 가자, 집으로 돌아가자' 하고, 의젓한 옷차림과 자세를 갖추고 거리에 나온 삭개오는 그대로 길을 돌이켜 집으로 가 버릴 법도 했다. 그러나 그는 체면을 불고하고 '내가 뽕나무에 올라가서라도 예수를 만나리라' 하며 특단의 결단을 내리고, 뽕나무에 올라갔다.

상상력을 동원해 이 상황을 생각해 보자. 예수님 주변을 둘러싸고 있는 무리가 뽕나무에 올라간 삭개오를 보고 이렇게 외쳤을지도 모를 일이다. "여리고의 거민들아, 삭개오가 뽕나무에 올라가 있다. 우리를 수탈해 간 저 놈 때문에 우리가 얼마나 헐벗고 굶주리며 고통당했는가? 저 민족 반역자를 돌로 치자!" 누군가 돌을 던지기만 하면 뒤를 이어 수없이 많은 돌이 삭개오를 향하여 날아들 것이며, 삭개오는 돌에 맞아 죽고 말았을지도 모를 일이다.

이러한 일촉즉발의 상황에서, 예수님은 삭개오를 보자마자 "삭개오야 속히 내려오라. 내가 오늘 네 집에 유하여야 하겠다"라고 말씀하며 누구보다도 먼저 그를 만나 주셨다. 의(義)의 메시아이신 예수님께서 모든 사람이 죄인으로 증오하는 삭개오를 보호하며, 그를 먼저 만나 주신 것이다.

삭개오는 몸의 병을 고치려는 것도 아니요, 재물의 문제를 해결하려는 것도 아니며, 기적을 베푸는 것을 구경하려고 나온 것도 아니었다. 다만 심령 상의 문제 때문에 예수 앞에 나섰다. 그는 자신의 가난한 심령에 평안을 얻기 위하여 예수님을 간절히 찾고, 만나기 위해 전심으로 노력했다. 예수님은 이러한 자를 회당이나 거리에서 만난 것이 아니라 뽕나무 위에서 만나 주셨다. 성경은 말씀한다. '나를 간절히 찾는 자가 나를 만날 것이며, 나를 전심으로 찾는 자가 나를 만날 것이다'(잠 8:17; 렘 29:13)라고.

그러나 아직 삭개오의 심령의 모든 문제가 해결된 것이 아니며, 구원이 선포된 것도 아니다. 오늘날 예수님을 간절히 사모하여 교회에 찾아오는 사람들은 많다. 그들이 간절히 예수님을 사모하고, 구원의 소망을 가지고서 교회의 문 안에 들어는 왔지만, 그렇다고 해서 죄 사함을 받고 의인이 된 것은 아니다. 교회의 문 안에는 들어왔으나, 예수님 앞에서 해야 할 일을 하지 않는 사람이 많은 것을 보는 것이다. 이들은 그리스도인이 되기를 간절히 소원하여 교회에 나오기는 했지만, 아직 회개의 고백과 죄 사함 없이, 복 받기를 바라고 교회만 드나든다. 이런 사람들은, 예수님이 자기를 만나 주시자 예수님을 집에 모신 삭개오가 어떻게 하였는지를 보기 바란다.

삭개오는 앉지도 못하고 서서 "주여 보시옵소서 내 소유의 절반을 가난한 자들에게 주겠사오며, 만일 누구의 것을 속여 빼앗은 일이 있으면 네 갑절이나 갚겠나이다"(눅 19:8)라고 말한다. 자기 소유의 절반을 가난한 자들에게 주겠다는 것이다. 삭개오의 소유는 의로운 것이 아니었다. 그는 그 불의한 소유를 조건 없이 가난한 자들에게 내주겠다는 것이다.

세상의 재물을 가난한 자들에게 나누어 주는 것은 곧 땅 위에서 썩어져 없어질 재물을 하늘에 쌓고(마 6:20) 하늘에서 돌려받는 것이다(마 19:21). 속여 빼앗은 것을 네 배로 갚겠다는 것은, 불의한 재물 까닭에 원수 되었던 이웃에게 빼앗은 것에 더하여 다시 돌려줌으로써, 원수였던 사이에 화평을 이루겠다는 고백이다. 화평을 도모함으로써 하나님의 자녀가 되겠다는 것이다(마 5:9).

그뿐 아니라, 만일 누구의 것을 속여 빼앗은 것이 있으면 네 갑절로 갚겠다고 했다. 여기 '만일'이라는 말이 나오는데, 이 말의 헬라어 원어의 뜻은 '없는 것을 있다'고 하는 부정적인 가정이 아니라, '있다'는 것을 전제로 하는 긍정적인 가정이다. 속여서 빼앗은 것이 있기는 하나 그게 얼마인지도 모르는 상태에서, 네 갑절로 갚겠다는 것이다. 이미 절반을 가난한 사람들에게 주겠다고 했으니 이제 절반밖에 남지 않은 그의 재산에서, 또 얼마일지도 모를, 속여 빼앗은 것의 네 배를 갚겠다고 말한 것이다. 그것을 다 갚을 수 있을지 없을지도 모른다. 그가 남은 절반의 재산에서 네 배를 갚고서 남는 것이 있다면 다행이겠지만, 다 갚고 나면 무일푼의 알거지 신세가 될 수도 있다. 또는 네 배로 갚겠다는 약속을 지키지 못해 빚쟁이가 될 수도 있다. 그런데 그는 알거지가 되더라도 네 갑절로 갚겠다고 예수님 앞에서 고백한다.

네 배로 갚는다는 것은 성경의 말씀을 따른 것이다. 출애굽기 22장 1절을 보면, 남의 소(牛)를 취하여 가면 소로 다섯 배로 갚고, 양을 취하여 가면 양으로 네 배를 갚게 되어 있다. 삭개오가 속여 빼앗은 것에 대하여 네 배를 갚겠다고 한 것을 보면, 아마도 세금을 거둘 때에 세금을 바치지 못하는 사람에게서는 양이나 소를 강탈한 것 같다. 참으로 진정한 회개요 철저한 회개이다.

누가복음 16장 9절의 하반절을 보면, "불의의 재물로 친구를 사귀라 그리하면 그 재물이 없어질 때에 그들이 너희를 영주할 처소로 영접하리라"라고 기록되어 있다. 불의하게 소유한 재물을 가난한 자들에게, 과중한 세금 수탈로 인하여 가난해져서 원수 되었던 사람들에게 나누어 줌으로, 이제는 그런 사람들과 친구가 되겠다는 고백이다. 그가 가진 불의한 재물이 친구를 삼는 일로 다 없어지게 되면, 그들이 그를 영원한 처소로 데려갈 것이라는 소망을 품은 것이다. 영원한 처소!

삭개오는 '순결하다, 깨끗하다'라는 뜻의 이름이었으나, 그는 이제까지 깨끗하지 못하게 살았다. 깨끗하지 않던 그 사람이 이제 깨끗한 이름의 처소로 돌아가는 순간에 있다. 소유의 사람이 존재의 사람으로 돌아가는 순간에 있으며, 육의 사람이 신령한 영적인 사람으로 돌아가는 순간에 있는 것이다. '목숨을 위하여 무엇을 먹을까, 무엇을 마실까, 몸을 위하여 무엇을 입을까' 염려하던 육체의 길에서 영원한 처소인 예수님의 나라로 돌아오고 있는 것이다. 우리 또한 행여 지니고 있을지도 모르는 불의의 소유나 옛날의 습관, 생각, 행동, 의롭지 못한 지식 등을 모두 깨끗이 주 앞에 내놓고 예수님 앞에 섰으면 한다.

이 세상에는 존재와 소유의 기로에서 방황하는 사람이 많다. 삭개오도 그런 사람이었다. 그러나 무엇을 먹을까, 무엇을 입을까 염려하는 육체의 길에서 예수님이 가르치는 그의 나라와 의의 길로 돌아섰다. 그 나라와 의를 구하다가 벌거숭이 거지가 되어도 주께서 그의 모든 필요를 더하여 주실 것(마 6:33)을 믿고, 불의한 소유의 늪에서 허우적거리던 사람이 존재의 평안한 품으로 돌아간 것이다. 예수님께서 이같은 삭개오를 보시고 "이 사람도 아브라함의 자손임이로다"라고 선언하신다. 아브라함의 자손이면 소유가 있든지 없든지 하나님의 백성이다. 오늘 이 하나님의 말씀을 읽는 모두에게 이같은 복이 임하기를 기원한다.

빛나는 인생, 섬기는 종

여호수아 24:29-30

우리는 이 시대를 살아오면서 '지도자'라고 하는 크고 묵직하고 화려한 이름들을 적지 않게 보아 왔다. 그러나 크고 묵직하고 화려한 그 이름들이 모두 빛나고 아름다운 이름인 것은 아니었다. 오히려 독재자, 불의한 재벌, 교만한 교수, 황제 같은 회장, 부당하게 당선된 총회장 등, 아무래도 얼룩진 이름이 많았다. 국민을 섬기는 종으로, 양식(糧食)을 나눠 주는 마음으로, 백성을 선으로 계도하는 종으로 살아갈 기회를 버린 이름들이었다. 이러한 이름들 중에는 더러 세상을 떠났고, 아직도 살아서 소리를 내는 이름들도 있다. 아마 때(시대, 세상)가 악하기 때문인지도 모른다.

선과 악이 공존하는 시대이지만, 성경은 그 시대를 '때가 악하다'라고 말한다. 에베소서 5장 16-18절은 이 악한 시대에 주는 강한 메시지이다.

> ¹⁶세월을 아끼라 때가 악하니라 ¹⁷그러므로 어리석은 자가 되지 말고 오직 주의 뜻이 무엇인가 이해하라 ¹⁸술 취하지 말라 이는 방탕한 것이니 오직 성령으로 충만함을 받으라 _엡 5:15-18

성경은 또 말한다.

> 우리의 연수가 칠십이요 강건하면 팔십이라도 그 연수의 자랑은 수고와 슬픔뿐이요 신속히 가니 우리가 날아가나이다 _시 90:10
> 나의 날이 경주자보다 빨리 사라져 버리니 복을 볼 수 없구나 _욥 9:25

이토록 빠르고 악한 시대에 술에 취하여 어리석게 살지 말고, 주님의 뜻을 이해하여 세월을 아껴 살아야 한다는 것이다.

세상이라는 '술'에 취하면 세상 욕심에 빠져 주님의 뜻을 이해하지 못하고 독재자가 되며, 도둑 부자가 되고, 교만한 학자가 되고, 꺼꾸러질 황제의 이름을 남기기 마련이다. 이런 시대에 내 이름을 후세에 빛나는 이름으로 남기는 길은 종으로 섬기는 삶이다.

여호수아는 모세의 출애굽 사명을 이어받아 광야를 건너 가나안을 정복하기까지, 이스라엘 민족의 구원을 매듭지은 위대한 지도자이다. 여호수아 24장 29-30절은 여호수아의 죽음에 대하여

생명을 바친 주의 종으로 살아간 주진경 목사와 사모.

이렇게 기록하고 있다.

29이 일 후에 여호와의 종 눈의 아들 여호수아가 백십 세에 죽으매 30 그들이 그를 그의 기업의 경내 딤낫 세라에 장사하였으니 딤낫 세라 는 에브라임 산지 가아스 산 북쪽이었더라 _수 24:29-30

구약에서 여호수아의 죽음은 한 지도자 개인의 죽음이 아니라 이스라엘 민족을 구원한, 위대한 한 시대의 마감을 의미한다. 장장 24개 장으로 기록된 여호수아서에 여호수아의 많은 행적들이 기록되어 있다. 그중에 대표적인 두 가지 행적을 들여다보자.

첫째, 가나안 정탐 기사이다. 열 명의 정탐자는 자신의 목숨을 스스로 구하고자 구원의 하나님이 주신 땅을 거부하고 반란을 일으켰다. 이것은 불신앙의 전형으로, 그 결과는 모두 멸망이었다. 그러나 이 열 명과 달리, 여호수아는 하나님께서 주신 약속의 땅을 받기 위하여 생명을 거는 믿음을 보였다. 좋은 주인이 주는 것을 거부할 수 없는 법이다. 주인이 주는 것을 받는 것은 곧 주인에 대한 신뢰와 순종과 충성의 표시이며, 주인이 주는 것을 거부하는 자는 이미 종이 아니다.

둘째, 여리고 성의 정복이다. 이 성은 높고 견고하며 강한 군사들이 지키고 있었는데, 이 성을 함락하지 않고서는 이스라엘 백성의 가나안 정복이 불가능했다. 이렇게 강한 성을 치기 위해서는 주도면밀하게 작전을 세우고 치열한 전투를 치러야 했다. 그러나 하나님은 전투를 벌이지 말고, 성을 열세 번 돌고 나팔을 불며 크게 고함을 치라고 말씀하셨다. 참으로 황당무계한 일이었으나, 여호수아는 그 말씀을 믿고 그대로 따랐다. 그의 휘하에는 40년간 광야에서 군사로서 연단된 장정들이 숱다했으나, 여호수아는 그들로 하여금 창 한 번 던지지 않게, 칼 한 번 휘두르지 않게, 활 한 번 쏘지 않게 하였다. 오직 하나님의 말씀을 따라 여리고 성을 열세 번 돌고, 나팔을 불며 고함을 지르게 했다. 칼로 싸워야 할 싸움을 맨주먹으로 싸웠으니, 그야말로 생명을 건 싸움이었다. 이것 또한 생명을 건 믿음이요 순종이었다.

이러한 여호수아를 성경은 믿음의 뛰어난 용사 또는 가나안 정복의 위대한 지도자라는 이름으로 부르지 않고, '여호와의 종'이라고 불렀다. 믿음은 곧 순종과 복종이요, 순종과 복종은 종이 가는 길이다. 사람이 사람의 종으로 불리는 것은 불명예요 수치스러운 일이나, 하나님의 종으로 불리는 것은 최고로 명예롭고 영광스러운 일이다.

종의 으뜸되는 모습은 예수 그리스도에게서 찾아볼 수 있다. 왕이신 예수님께서는 마가복음 10장 45절에서 '나는 섬김을 받으러 온 것이 아니라 섬기러 왔다'라고 하셨다. 빌립보서 2장 6-8절에는, 예수님은 하나님과 본체시나 동등됨을 취하지 않고 사람과 종의 형체로 오셔서 죽기까지 섬겨 종으로 살고 죽었다고 기록되어 있다. 죄악 세상을 구원하기 위하여 죽기까지 하시고, 죽어서는 자기 무덤도 아닌 남의 무덤에 장사되었으니, 이야말로 철저히 낮고 천한 종의 모습이다. 남의 무덤에 묻힌 죽음의 모습은 말할 나위 없이 초라했다. 그러나 주님이 부활하심으로 그 무덤은 영광으로 빛이 났다.

히브리어인 '여호수아'라는 이름은 헬라어인 '예수'와 같은 뜻의 이름이며, 여호수아는 예수를 예표한다. 본문 말씀은 여호수아가 이스라엘 민족의 구원(가나안 입성)을 위하여 평생을 바쳐 종으로 살고 죽어 에브라임 산지 가아스 산 북쪽 기슭에 묻히니, 그무덤의 묘역이 딤낫 세라였다라고 말한다. '딤낫 세라'는 '빛이 난다'라는 뜻이다. 에브라임 산지는 이스라엘 백성들이 분배받은 땅중에서 가장 거칠고 척박한 곳이었다. 그런데 여호수아가 죽어 그러한 땅의 가아스 산 북쪽 기슭에 묻혔다고 하니, 그 무덤의 묘역이 초라하리라는 것을 연상하게 된다.

여호수아가 가나안을 정복하고 마지막으로 한 일이 토지의 분배였다. 땅의 분배에 있어서 여호수아는 최고의 실권자요 마지막 권한을 가진 사람이었다. 여호수아 19장 50절의 토지 분배의 기록을 보면, 그는 가장 나쁜 땅을 먼저 자청하여 자기 것으로 분배받고, 그 땅을 개간하고 중건하여 거기에 거하였다고 기록되어 있다. 여호수아는 기대와 소망을 가지고 약속의 가나안 땅에 들어간 백성들에게 보다 나은 땅을 나누어 주기 위하여, 자기가 자원하여 가장 나쁜 땅을 분배받았다. 그리고는 그곳을 개간하고 재건하여, 거기서 살다가 죽어 그곳에 묻혔다. 그런데 그 초라한 무덤이 빛이 났다는 것이다.

사람의 시체가 묻힌 검은 땅에서 어찌 빛이 날 수 있겠는가마는, 그 말은 종으로 살아간 여호수아의 신앙 인격과 그의 업적이 빛을 발하고 있다는 뜻이리라. 부정과 비리에 연루된 우리나라 지도자들의 현실을 보면, 초라한 땅에 묻혔으나 지도자로서 빛나는 여호수아의 인격에 감복하지 않을 수 없다.

스위스의 제네바에 가면 개혁자 칼뱅의 무덤이 있다. 칼뱅과 츠빙글리와 루터 3인의 석벽상(石壁像)을 지나서 돌아가면 묘지가 있는데, 거기서 칼뱅의 묘를 쉽사리 찾을 수 없다. 묘지 관리소에 가서 물어 보아야 그 묘의 위치를 알 수 있다. 이는 칼뱅의 유지에 따라 그 무덤에 아무런 표시도 없이, 그냥 평토장해 버렸기 때문이다. 대리석 묘비들이 즐비한 묘역의 한 귀퉁이 모서리에, 묘비도 없고 봉분도 없이 잡초가 우거진 땅이 칼뱅의 무덤이다. 그러나 잡초가 우거진 초라한 무덤에서 위대한 개혁자인 칼뱅의 신앙 인격이 빛나고 있다.

딤낫 세라! 무덤이 크고 호화스러워서 빛이 나는 것이 아니다. 하나님의 말씀을 따라 생명을 바친 종으로서 살아간 여호수아이기에, 초라한 무덤에서도 그의 업적과 빛나는 생애와 신앙 인격이 빛나고 있는 것이다.

그리스도인의 비전

무자했던 아브라함이 자식처럼 사랑하고 돌보며 길렀던 조카 롯과 마침내 헤어지게 됩니다. 본문에 기록된 바와 같이, 이제는 롯도 장성하여 제 몫의 삶을 살아가고 있었습니다. 아브라함은 그런 조카 롯과의 불가피한 생존 경쟁을 피하고 화평을 유지하고자 했습니다.

> 8아브람이 롯에게 이르되 우리는 한 친족이라 나나 너나 내 목자나 네 목자나 서로 다투게 하지 말자 9네 앞에 온 땅이 있지 아니하냐 나를 떠나가라 네가 좌하면 나는 우하고 네가 우하면 나는 좌하리라
>
> _창 13:8-9

손위인 아브라함이 조카에게 땅의 선점권(先占權)을 양보합니다. 롯은 물이 많고 평지가 많은 쪽을 택하여 동편으로 떠났습니다. 아브라함은 정든 아들과 같은 롯을 떠나보내고, 자신의 짐승들에게 먹일 풀과 마시게 할 물줄기도 얻지 못한 채 황량한 벌판에 외로이 서 있었습니다. 아브라함은 그와 롯 그리고 또 그의 자손들과의 화평을 위하여 눈앞의 개인적인 유익을 좇지 않고, 앞날을 바라보며 자신을 비웠습니다. 이러한 아브라함에게 하나님의 음성이 들려옵니다. 하나님께서 그가 갈 길을 지로(指路)하시는 것입니다.

> 14··· 너는 눈을 들어 너 있는 곳에서 북쪽과 남쪽 그리고 동쪽과 서쪽을 바라보라 15보이는 땅을 내가 너와 네 자손에게 주리니 영원히 이르리라 _창 13:14-15

아브라함이 눈앞의 것은 잃었으나, 하나님의 말씀에 따라 멀리 바라봄으로 장차 창대해질 그 자손들에게 영원히 줄 땅을 약속 받았습니다.

그리스도인들이 하나님의 말씀을 따라 먼 앞날을 바라보는 일은 참으로 소중합니다. 그것이 사는 길이요 소망을 이루는 길입니다. 믿음의 사람들은 모두 눈에 보이지도 않고 손에 잡히지도 않는, 구원하시는 하나님을 멀리서 바라보았습니다.

미가 선지자는 "오직 나는 여호와를 우러러보며 나를 구원하시는 하나님을 바라보나니 나의 하나님이 나에게 귀를 기울이시리로다"(미 7:7)라고 했습니다. 이사야 선지자는 땅, 즉 아래의 가까운 곳을 바라보면 흑암과 고난이 있다고 했습니다(사 5:30). 땅은 물질이요 세상의 것입니다. 요나는 주의 높은 성전을 바라보겠다고 했습니다(욘 2:4). 100세에 얻은 아들 이삭을 번제로 바쳐야 했던 아브라함은 눈을 들어 살펴보다가, 이삭 대신 바칠 숫양이 예비되어 있는 것을 발견하였습니다. 멀리 바라본다는 것은 바라는 것을 성취하고 보지 못하는 것을 증거로 나타내기 위하여 말씀을 좇아가는 첫걸음입니다.

그리스도인의 비전은 무슨 큰 포부나 야망을 갖는 것을 뜻하지 않습니다. 그가 원하는 무엇인가를 이루기 위하여 의지를 다지는 것도 아닙니다. 앞으로 이루어야 할 선을 위하여 하나님이 보라 하시는 것을 보고, 현재의 개인적인 좁은 시야를 하나님의 뜻에 합당하게 넓힌다는 뜻입니다. 현재 나 개인에게 다가올 유익보다 하나님이 조성하시는 공동체의 유익을 바라보는 것입니다.

지난달 추수감사절에 흩어져 살던 세 형제가 모처럼 한자리에 모였습니다. 그들의 대화 가운데 맏이의 한마디는 이러했습니다. 그가 운영하는 가게 주변의 장사꾼들이 그가 주일날 가게 문을 닫고 교회에 가는 것을 비웃는다는 것이었습니다. 주일날 하루 장사를 하면 가게 한 달 임대료(rent)를 벌 수 있는데, 별로 넉넉지도 못한 주제에 가게 문을 닫으니 말입니다. 맏형 되는 K씨는 "주일날 가게를 닫아서 임대료를 못 내어 장사를 못 하게 된다면, 그것을 주일날 가게를 닫는 자에게 주어지는 고난으로 받아들이고 장차 다가올 영광을 바라본다"라고 했습니다. 실로 믿는 자로서 멀리 앞날을 바라보는 꿈이었습니다. "현재의 고난은 장차 우리에게 나타날 영광과 족히 비교할 수 없도다"라는 로마서 8장 18절의 말씀이 체질화한 신앙의 일면같이 여겨집니다.

둘째와 셋째의 대화는 선거에 대한 얘기였습니다. 둘째는 이번 선거에서 고어를 지지했다고 합니다. 미국 상위권의 중산층으로서 부시를 지지하면 자신에게 오는 많은 혜택이 있을 터이지만, 가난의 늪에서 어렵게 사는 사람들을 위하여서는 고어의 정책이 좋다고 생각되어 고어를 지지했다는 것입니다. 이웃 사랑은 나 개인보다 나 아닌 다수의 다른 사람의 유익을 찾는 믿음이요 사랑의 정신입니다. 상당한 믿음입니다.

그런데 셋째는 둘째와 정반대로 부시를 지지했다고 합니다. 가난한 전도사 생활을 하는 입장에서 보면 고어의 정책이 자기와 같은 저소득층에게 유리하다고 했습니다. 하지만 고어의 정책은 근시안적인 정책이요, 부시의 정책은 좀 멀리 바라보는 정책이라고 생각하여 부시를 지지했다는 것입니다. 고어의 정책대로 동성연애자를 지지하고 낙태를 인정하면 젊은이들을 위한 교육도 성과 중심의 OBE(Outcome Based Education)가 된다며, 장차 미국을 이끌어갈 사람들을 기능인 위주로만 기르면 미국의 장래가 어둡다는 것입니다. 젊은이들에게는 도덕성과 시대정신을 길러 주는 것이 먼저인데, 돈벌이꾼으로만 가르치면 어떻게 되느냐는 것입니다. 이러한 면에서 셋째는 부시가 영성과 장래, 곧 더 멀리 보는 눈을 가지고 있다고 주장했습니다.

한 나라의 대통령을 뽑는 선거를 통해서도 이웃 사랑을 바라보는 신앙을 가늠할 수 있습니다. 고어를 지지한 둘째는 신앙은 좋으나 멀리 보지 못하고 우선 먹고 마시는 것을 바라보았으며, 셋째는 멀리 바라보는 신앙의 눈을 가졌습니다. 1950년대 후반에 미국이 소련과의 우주 경쟁에서 소련보다 한발 뒤진 것은, 당시 미국이 순수과학 이론보다 생활의 편의를 돕는 응용 과학에 치우쳐 있었고, 소련은 순수 과학 이론에 앞섰기 때문임을 잊지 말아야 할 것입니다.

2000년을 맞이할 때에 새 시대에 대한 비전들을 제시하고 각성을 촉구하며 여러 가지 프로그램들이 많이 있었으나, 어느덧 2000년대의 첫해가 기울어 가고 있습니다. 2000년대는 생각보다 빨리 지나갈 것입니다. 시편 90편 10절 말씀과 욥기 9장 25절 말씀처럼 세월은 신속히 지나갈 것이며, 교통수단도 빨라지고 통신수단도 그럴 것입니다.

미국 대통령 선거도 멀리 바라보는 눈이 없었기에 Race too close to call, 종국에는 America on Hold라는 현상이 빚어지고 말았습니다. 우리가 바라보아야 할 멀리 계시는 하나님을 보지 못하는 것은 내 안에 계시는 성령님을 못 만났기 때문입니다. 마땅히 듣고 따라야 할 하나님의 말씀에서 멀어져 있는 결과입니다.

우리는 아브라함으로부터 멀리 바라보는 비결을 배워야 합니다. 첫째, 눈앞의 유익이 있는 본토만 바라보고 집착할 것이 아니라 말씀을 따라, 갈 바를 모르지만 멀리 바라보고 떠나는 일입니다. 고로 신앙은 결단이요, 보장된 모험입니다. 둘째, 이웃 사랑을 위하여 내 모든 것을 상실하는 일입니다. 바로 상실의 그 순간에 들려오는 주님의 미세한 음성이 있습니다. 그 음성은 우리들의 귀가 아니라, 우리들의 심장과 가슴에 들려옵니다.

아브라함은 화평을 위하여 자기의 유익을 버리고, 중다한 그 자손들이 땅을 받는 복을 멀리서 바라보고 하나님의 음성을 들었습니다. 갈 바를 모르지만, 말씀을 따라 멀리 광대한 땅을 바라보고, 작은 본토를 떠나 말씀을 좇아간 아브라함은 약속대로 복의 근원이 된 비전의 사람이었습니다(창 12:2).

Hopeful
mind